풍요경

그들만의 비밀 경전

풍요경

지은이   임중기

펴낸날   2011년 9월 26일 · 1판 1쇄

펴낸곳   도서출판 사람과책

펴낸이   이보환

기획편집   이장휘, 허지혜, 신인영

마케팅   이원섭, 이봉림, 신현정

등록   1994년 4월 20일(제16-878호)

주소   서울시 강남구 역삼1동 605-10 세계빌딩 5층

전화   02-556-1612~4

팩스   02-556-6842

전자우편   man4book@gmail.com

홈페이지   http://www.mannbook.com

ISBN 978-89-8117-129-2　03320

그들만의 비밀 경전

풍요경

임중기 지음

사람과책

당신은 풍요로운가? 그리고 당신은 행복한가?

탈무드에 이런 말이 있다. "가난한 사람은 네 계절밖에 고생하지 않는다. 봄, 여름, 가을, 겨울이다." 돈 때문에 많은 사람이 고통을 겪고 있다. 세계은행의 조사에 따르면 세계 인구의 절반에 가까운 28억 명이 하루 2달러 미만으로 생계를 꾸려 나가고 있다. 반면 세계 인구의 1퍼센트가 지구상 부의 40퍼센트를 차지하고 있다. 어떤 사람은 가난하고 또 어떤 사람은 부자인 이유는 무엇일까?

가난은 늪이 되었다. 한번 빠지면 쉽게 벗어나기 어려운 늪. 일단 빈곤층이 되면 가난에서 탈출하기가 갈수록 어려워진다. 예전에는 허리띠 졸라매고 열심히 일하면 가난에서 벗어날 수 있다는 희망이 있었지만 이젠 그런 희망을 가지기가 쉽지 않은 게 현실이다. 밤낮없이 열심히 일하는데도 적자에 허덕이며 가난하게 살아가는 사람이 점점 많아지고 있다. 무조건 열심히 일한다고 해서 문제가 해결되지 않는다는 것을 많은 사람이 몸소 체험하고 느끼고 있다. 돈 없이 풍요로운 삶을 꿈꾸기는 정말 어려운 현실이다. 그렇다면 돈이 전부일까? 결코 돈이 전부는 아니다. 하지만 돈이 너무 없으면 돈이 전부가 되는 인생을 살 수도 있다.

'머니(money)'라는 단어는 풍요를 상징하는 로마의 여신 이름 '모네타(moneta)'에서 유래되었다. 하지만 돈이 많다고 해서 반드시 풍요로운 삶을 누리는 것은 아님을 우리는 잘 알고 있다. 세상에는 자신보다 더 많은 것을 가진 자가 있기 마련이다. 그런 사람을 만났을 때 기죽고 여전히 궁핍하다는 생각이 든다면 그것은 풍요로운 삶이 아니다. 있는 재산을 조금이라도 잃을까 봐 전전긍긍하며 이를 지키느라 정작 자신의 인생에서 가치 있는 여러 가지 것을 지키지 못하는 것 역시 풍요로운 삶과는 거리가 멀다. 그칠 줄 모르는 탐욕과 막연한 불안감으로 재산을 불리는 데 골몰하느라 인생을 송두리째 돈의 희생양으로 바치고 마는 이들의 삶은 오히려 풍요에 반하는 것이다.

우리가 궁극적으로 목표해야 하는 것은 돈이 아닌 풍요다. 그러면 어떻게 해야 진정 풍요로운 삶을 살 수 있을까? 그러기 위해 우리에게 필요한 것은 무엇일까? 바로 지혜다.

누구나 가난에서 벗어나 행복한 부자가 될 수 있는 그런 지혜를 얻어야 한다. 부자들은 자신의 재산을 평생 짊어지고 가야 할 무거운 짐이 아니라 축복이라 여기며 참된 풍요를 누릴 수 있는 지혜를 가져야 한다. 그렇다면 언제, 어디서, 누구에게서 그러한 지혜를 얻을 수 있을까?

걱정하지 말고 일단 이 책을 펼쳐 보자.

필자는 오랫동안 교육과 강연을 해 오면서 다양한 분야의 많은 분을 만나 왔다. 그중에는 남부러울 정도로 사회적·경제적으로 크게 성공한 분, 인격과 품성이 매우 훌륭한 분, 평범한 생활이지만 무척 행복하게 사는 분도 있었다. 그런 분들을 가르치고 지도하면서 한편으로 나 자신도 많이 배웠다. 그들이 들려준 생생한 체험담, 나름의 행복 철학과 성공 비결은 필자에게 큰 영감을 주었고 풍요 연구와 성찰에 불을 지폈을 뿐만 아니라 이 책에서 풀어낸 이야기의 바탕이 되었다.

그 내용을 어떻게 요리해서 독자의 상에 올릴까 고심하던 끝에 스승과 제자들의 대화 형식으로 지혜의 가르침을 풀어 나가는 동양 고전의 형식을 취하기로 했다. 지식이 아닌 지혜를 논의하는 데 있어서는 최적격이라고 생각되었기 때문이다. 동양의 얼과 사상, 문화를 좋아하고 사랑하는 필자의 취향이 반영된 결과이기도 하다.

이에 작가로서의 창의적 상상력을 발휘하여 부가(富家)라는 학파를 설정해 스승과 제자들이 엮어 내는 다양한 이야기를 창안하고 그에 따른 현대적 해설을 곁들였다. 마치 《논어》, 《맹자》, 《장자》 등 고전 해설서를 접하는 느낌으로, 독자들이 더욱 실감나고 재미있게 읽을 수 있도록 창작했다. 영화에서의 '페이크 다큐멘터리(fake documentary)'라는 장르처럼 새롭게 시도된 '페이크 동양 고전'이라고나 할까? 노파심이지만 혹시나 독자들의 혼동이 없길 바라며, 손가락이 아닌 달을 함께 바라볼 수 있길 기대한다.

삶의 해답은 언제나 지금, 여기, 그리고 자기 자신에게 있다. 지혜는 배우는 것이 아니라 깨닫는 것. 이 책에 담긴 다양한 내용이 당신에게 깨달음의 영감을 주고 당신의 내면에 자리한 위대함에 불을 지펴 지혜의 빛을 발하게 되기를 기원한다.

2011년 임중기

차례

제2장 먼저 마음의 밭을 갈아라

제3장 바라는 것을 성취하는 비결

豊饒經

스승을 만나기 전에

— 부가(富家)의 인물과 사상

부가(富家)

   중국의 사상과 학문의 황금기 춘추전국시대에 유가(儒家), 도가(道家), 법가(法家), 묵가(墨家), 음양가(陰陽家), 명가(明家), 종횡가(從橫家), 잡가(雜家), 농가(農家) 등 많은 학파가 우후죽순처럼 생겨나 나름의 사상과 철학으로 지혜의 불을 밝히며 세상 사람들에게 큰 가르침을 주었다. 이들의 가르침 중 일부는 빛바래지 않고 현세에 이르기까지 훌륭한 지혜를 전해 주고 있다.

   그들과는 달리 세간에 널리 알려지진 않았지만 참된 행복과 풍요로운 삶에 대한 지혜로운 가르침으로 많은 이를 행복한 부자로 이끌어 준 이들이 있었으니 바로 부가(富家)다. 부가는 삼라만상이 결핍이 아닌 풍요의 원리로 운행되므로 풍요의 법칙을 이해하고 따르기만 하면 모두가 풍요롭게 잘살 수 있다는 풍요설(豊饒說)을 주창하였다.

   대부분의 자료가 소실되어 정확한 연혁이나 활동 무대는 알기 어렵다. 혹자는 그 이유를 백성들의 힘이 커져 왕권이 약화될 것을 우려한 후대 권력자들의 음모 때문이 아닐까 추측한다. 그러나 다행스럽게도 소수지만 경전이 남아 풍요에 대한 이들의 지혜를 배울 수 있다.

부가의 대표적 인물로는 양자(量子)와 부자(富子)가 있으며, 비밀리에 전해 내려온 경전으로《자력경(磁力經)》,《부자경(富子經)》,《풍요경(豊饒經)》이 있다. 특히《풍요경》은 주로 대화체 예화로 이루어져 있어 누구나 이해하기 쉽고 재미있으며 짧은 글이지만 긴 여운을 남긴다. 많은 이가 이 책을 탐독하고 행복한 부자가 되었다.

인물과 사상

양자(量子), "의식이 만물의 근원이다"

풍요 사상의 토대를 마련한 양자(量子)는 생각할 줄 아는 백성이라면 누구나 부유해질 수 있다는 가르침을 전파했다.

음양가(陰陽家), 도가(道家)에서 수학하던 그는 가난한 백성들의 삶을 풍요롭게 하고자 하는 뜻을 세우고 다양한 사상을 섭렵하며 깊은 성찰과 연구로 자신만의 독특한 사상을 전개해 나갔다. 양자는 특히 만물의 근원과 운행 원리로 부(富)를 창출하는 비법을 고안하는 데 중점을 두었다.

양자의 주장을 간단히 요약해 보면 의식(意識)이 만물의 근원이라는 것이다. 만물의 근원을 꿰뚫어 나가면 결국 무(無)에 도달한다. 하지만 무는 무라고만 할 수 없다. 왜냐하면 무는 유(有)를 낳아 만물의 형체를 형성하기 때문이다. 그럼 무가 유로 전환되는 힘은 무엇일까? 양자는 이를 의식(意識)으로 보았다. 의식을 창조의 에너지로 본 것이다. 그는 백성들 누구나 의식의 힘을 통해 풍요로운 부(富)를 창출할 수 있다고 생각했다. 그리고 인간의 의식이 자력을 발휘해 주위 것들을 끌어당겨 현실에서 물질적인 형태를 창조해 낼 수 있다는 원리를

《자력경(磁力經)》에서 밝혔다. 현대 물리학에서 원자, 분자, 소립자 등 미시적 대상을 탐구해 우주의 근원을 밝히는 양자역학(quantum mechanics)은 이에 어느 정도 공감하게 한다. 양자역학을 연구하는 과학자들은 만물이 파동(無)으로 구성되어 있으며, 파동(無)이 입자(有)가 되기도 하고 입자(有)가 파동(無)이 되기도 한다는 것을 발견해 냈다.

양자는 우리가 행복하게 살기 위해 필요한 물질은 이미 가득하며 없던 것이라도 우리가 진실로 원하면 어떤 것이든지 새롭게 창조될 수 있다고 했다. 따라서 서로 다투거나 빼앗지 말고 각자 바라는 대로 풍요로운 삶을 창조해 나가며, 서로 조화를 이루어 풍요로운 세상을 함께 만들자는 가르침을 펼쳤다. 양자는 많은 이를 풍요의 세계로 이끌었고 모두가 행복한 세상을 만들기 위해 열심히 봉사했다. 말년에는 모든 것을 내려놓고 속세를 떠나 깊은 산속에서 자신이 개인적으로 간절히 갈망하던 수행에만 매진했다.

부자(富子), "모든 백성이 부유해지는 정치를 펼쳐라"

《풍요경》의 스승, 부자(富子)는 어릴 적부터 이재(理財)에 대한 안목과 식견이 높았다. 성년이 되자 인간과 삶에 대한 궁극적인 답을 찾기 위해 모든 것을 버리고 산속으로 들어갔다. 그러던 중 양자를 만나 풍요 사상을 접하고 큰 깨달음을 얻었다. 어느 날 속세에 내려온 그는 많은 백성이 가난으로 고통당하고 있음을 보고 백성들이 행복하게 살려면 물질적인 풍요가 무엇보다 중요함을 실감했다. 그 이후로 수행 생활을 내려놓고 제후들을 찾아다니며 모든 백성이 부유해질 수 있는 정치를 펼쳐야 한다는 부가 사상을 설파했다. 하지만 어느 누구도 그의 말에 귀 기울이지 않았다. 대부분의 제후는 모든 백성이 부유해지면 그들의 힘이 강해질 것이고 상대적으로 자신들의 권력이 약해져 백성을 다스리는 게 어려워질 것이라 여겼다. 어떤 제후는 뜻은 좋지만 실행하기가 너무 어려운 일이라고 발뺌했다. 유가의 경전에도 이런 이야기가 나온다. 자공(子貢)이 공자(孔子)에게 "백성을 빈궁으로부터 구제하고 생활을 안정시킬 수 있다면 이를 인(仁)이라 말할 수 있겠습니까?"라고 묻자 공자는 "그것은 인을 넘어 성(聖)의 경지라 할 수 있다. 요(堯)와 순(舜)조차 그에 이르지 못했느니라"라고 했다.

이에 부자는 유세를 접고 자신이 직접 빈민 구제에 나섰다. 맨손으로 사업을 벌였지만 하는 일마다 성공해 오래지 않아 막대한 부를 쌓았다. 그는 뜻한 대로 가난에 허덕이는 백성들을 찾아다니며 자신의 재산을 아낌없이 나누어 주었다. 그러나 아무리 베풀어도 효과는 당장에 그칠 뿐 백성들이 여전히 가난한 것을 보며 부자는 낙담했다. 숙고한 끝에 부자는 돈이 아니라 지혜가 가난을 해소한다는 신념을 가지게 되었다. 이후 그는 사람들에게 물고기를 주기보다 물고기 잡는 법을 가르쳐 주리라 결심하고 교육에 헌신했다.

부자는 양자의 제자이자 학문적 동료였다. 양자의 사상을 어느 정도 받아들였으나 좀 더 실제적인 측면에서 접근을 했다. 그는 《부자경(富子經)》을 통해 풍요로운 마음을 갖는 데 그칠 것이 아니라, 다양한 사업 기법과 돈의 운용 원리 등을 배우고 익힐 것을 강조하며 전략과 실천을 중요시했다. 그의 사상은 점차 폭이 확대되어 짧고 재미있는 예화 속에 풍요로운 삶을 위한 다양한 지혜를 담은 《풍요경(豊饒經)》으로 마무리되었다.

부가사상(富家思想)
핵심 요약 10선

一 세상은 무한히 풍요롭다.

● 풍요 사상의 기본 전제다. 서로 다투지 말고 자신만의 사업을
  창조해 나가라.

二 풍요로운 마음이 풍요로운 삶을 만든다.

● 모든 것은 우리 마음에서 시작된다. 지금 가난하더라도 풍요로
  운 마음을 가져라.

三 풍요로운 마음과 감사의 마음은 일맥상통한다.

● 늘 감사하는 마음을 갖자. 행복하리라.

四 우리는 아무것도 가질 수 없다. 이미 모든 것을 가졌기
   때문이다.

● 나는 우주에 속하지만 온 우주가 나의 것이다.

五　욕심(慾心)으로 경쟁하지 말고 발심(發心)으로 창조하라.
● 욕심은 눈을 멀게 하고, 발심은 눈을 뜨게 한다.

六　크게 생각하라.
● 크게 이룬 사람은 크게 생각한 사람이다.

七　할 수 있다는 믿음을 가져라.
● 우리의 삶은 우리가 믿는 대로 된다.

八　지혜가 부를 창출한다.
● 부를 창출하는 최고의 수단은 지혜다.

九　적극적으로 시도하라.
● 부자들의 공통점은 뭔가 시도했다는 것이다.

十　세상에 기여하고 봉사하며 베풀어라.
● 진정한 풍요의 실천은 기여, 봉사, 베풂이다.

자, 이제 풍요경의 세계로 들어가 스승을 만나 보자.

豐饒經

제 1 장

풍요로운
삶을 위한 성찰

돈과 인생

한 억만장자가 어느 날 스승을 방문했다. 화려하게 치장된 큰 마차에서 내려 보석으로 장식된 멋진 비단옷을 펄럭이며 수십 명의 호위를 받으며 기품 있게 걸어 들어오는 그의 모습을 본 제자들의 마음은 온통 부러움으로 가득 찼다. 손님이 돌아가고 난 뒤에도 제자들은 여전히 부러움으로 들뜬 마음을 진정시키지 못했다.

그런 제자들에게 스승이 물었다.

"그렇게 부러우냐?"

제자들은 한 목소리로 "네"라고 대답했다.

스승은 제자들을 둘러보며 빙긋이 웃어 보인 다음 말을 이어 나갔다.

"방금 여기를 방문했던 그분은 칠순을 넘긴 노인이시다. 너희들이 그렇게도 부러워하는 그분이 만일 억만금에 이르는 자신의 전 재산을 줄 터이니 서로의 남은 삶을 맞바꾸자고 제안을 해 온다면 어찌하겠느냐? 수락을 할 이는 손을 들어 보거라."

아무도 손드는 이가 없었다.

스승이 큰 목소리로 다시 물었다.

"제안을 받아들이겠느냐?"

그러자 제자들은 하나같이 "아닙니다"라고 대답을 했다.

이에 스승이 차분하지만 힘 실린 어조로 말을 했다.

"그렇다. 돈이 전부는 아니다. 너희들의 삶은 억만금의 돈보다 훨씬 소중하다."

꽃

당신이라면 위의 제안을 수락하겠는가? 물론 아닐 것이다. 우리의 삶은 억만금의 돈으로도 바꿀 수 없는, 너무나 가치 있고 소중한 것이다. 그까짓 돈에 너무 휘둘리지 말자. 돈은 행복하게 살기 위한 여러 가지 중요한 수단 중 하나일 뿐이다. 돈은 살기 위해 필요한 것이다. 돈을 위해 살아서는 안 된다. 이 악물지 말고 돈 버는 과정을 행복하게 즐기자. 한 페이지 한 페이지가 모여 한 권의 책이 되듯이 하루하루의 행복이 모여 행복한 삶이 된다. 또한 과정을 행복하게 즐기는 사람이 더 큰 꿈을 성취하는 법이다.

풍요로운 우주

    농부들이 씨앗을 뿌리는 모습을 묵묵히 바라보던 스승이 제자들에게 부의 지혜를 하나씩 말해 보라고 했다.

    한 제자가 앞에 나와 말했다.

    "뿌려야 거두는 것입니다. 그런데도 어리석은 사람들은 뿌리지도 않고 수확하기만을 기다립니다."

    다른 제자가 말했다.

    "뿌린 대로 거두는 것입니다. 그런데도 어리석은 사람들은 참외 씨를 뿌려 놓고 수박이 열리기를 기대합니다."

    다시 스승이 나섰다.

    "훌륭하고 옳은 말이다. 그렇다면 내가 한 가지 물어보겠다. 뿌린 만큼 거두는 것일까?"

    몇몇 제자들이 생각에 잠긴 동안 갑부 제자가 앞으로 나와 말했다.

    "뿌린 만큼 거두는 것은 아닙니다. 오이 씨앗을 한 톨 심었는데 오이 하나만 달랑 달리는 경우는 없습니다. 여러 개의 오이와 그 속에 수천 개의 새로운 씨앗이 생겨납니다."

    "그렇다. 우주와 자연은 풍요로움을 추구한다. 그 속에 부의 지혜가 있다."

자연은 우리가 뿌린 것보다 훨씬 더 많은 것을 돌려준다. 이는 세상에서 가장
녁녁한 이자다.

그릇의 크기

입문한 지 얼마 되지 않은 소심한 제자가 한참 망설이다가 스승에게 물었다.

"저는 나름대로 열심히 일했는데 왜 아직까지 큰돈을 모으지 못했을까요?"

그러자 스승은 콩을 바닥에 가득 쌓아 놓은 뒤 작은 그릇을 하나 건네주면서 말했다.

"이 그릇에 콩을 가득 담아 보아라."

제자는 작은 그릇에 콩을 가득 채웠다.

"보아라. 콩이 천지에 널려 있어도 그릇 크기만큼만 담을 수 있다. 더 많은 것을 담고 싶거든 먼저 너의 그릇을 더 크게 하라."

'무엇을 얼마나 가질 것인가' 보다 '어떤 사람이 되느냐' 가 중요하다. 그릇은 작은데 욕심만 크면 그릇이 깨지고 만다. 담을 만한 그릇이 되지 못하는 사람에게 큰 복이 굴러 들어오면 그 복을 감당하지 못해 불운으로 이어지기 쉽다. 복권 당첨자가 패가망신하고 가난뱅이로 전락하는 경우가 그렇다. 결국 자신의 그릇 크기만큼, 자신이 편안하게 다룰 수 있는 정도의 돈만 남는 것이다.

무엇을 쓰느냐

유가에서 수학했던 제자 명철(名哲)이 스승에게 물었다.

"맹자는 이렇게 말했습니다. 어떤 이는 마음을 써서 수고하고, 어떤 이는 힘을 써서 수고한다. 마음을 써서 수고하는 이는 남을 다스리고, 힘을 써서 수고하는 이는 남의 다스림을 받는 법이다."

"옳은 말씀이다."

스승은 덧붙여 이렇게 말했다.

"어떤 이는 돈을 써서 돈을 벌고, 어떤 이는 사람을 써서 돈을 벌고, 어떤 이는 지혜를 써서 돈을 벌고, 어떤 이는 시간을 써서 돈을 번다. 돈과 사람과 지혜를 활용하지 못하고 오직 자기 몸뚱이와 시간만 쓸 줄 아는 사람은 남의 다스림을 받게 될 것이다."

월급만으로 큰 부자가 된 이는 찾아보기 힘들다. 큰 부자가 되려면 주변의 것을 두루두루 활용하는 능력이 있어야 한다. 돈을 써서 돈을 버는 것은 투자를 하는 것이며, 사람을 써서 돈을 버는 것은 기업을 하는 것이며, 지혜를 써서 돈을 버는 것은 아이디어로 부를 이루는 것이다. 투자, 기업, 지혜 중 하나를 활용하지 않고서 큰 부를 이룬 이는 보기 드물다.

행동하리

스승이 늘 우유부단한 제자에게 물었다.
"넌 아직도 시작하지 않고 무얼 하고 있느냐?"
"생각 중입니다."
"오래전에도 그렇게 말하지 않았더냐?"
"때를 기다리고 있습니다."
"연을 날리고 싶으면 먼저 무얼 해야 하느냐?"
"연을 만들어야 합니다."
"그런데 너는 바람 좋은 날만 기다리고 있구나."

기다리기만 하는 사람은 아무런 성과도 내지 못한다. 기회가 와도 그 기회가
자기 것이 되지 않는다. 행동을 해야 한다. 로또복권도 사고 난 뒤에야
당첨되기를 기다릴 수 있다.

기회와 장애물

많은 일을 시도했지만 여전히 어렵게 살고 있는 제자가 스승을 알현했다.

"저는 하는 일마다 갖가지 장애물에 가로막히고 맙니다."

"네가 가장 관심을 두고 있는 것은 무엇이냐?"

"어떻게 하면 장애물을 미리 알아채고 극복해 나갈까 하는 것입니다."

그러자 스승은 갑부가 된 제자 한 명을 안으로 불러 똑같이 물었다.

"네가 가장 관심을 두고 있는 것은 무엇이냐?"

"어떻게 하면 좋은 기회를 알아차리고 잡을까 하는 것입니다."

"그렇다. 기회에 관심을 두면 기회를 찾게 될 것이고, 장애물에 관심을 두면 온갖 장애물에 휩싸이게 될 것이다."

부자는 어디서나 기회를 발견하려고 애쓴다. 그래서 많은 기회를 발견한다. 가난한 사람은 어디서나 '안 되는 이유'를 찾기 때문에 장애물이 가득하다.

향유하리

멋진 마차를 산 제자가 있었다. 그는 마차가 아까워 타지 않고 집에 둔 채 매일 먼지를 털고 닦는 데 바빴다. 그 제자의 집을 스승이 방문했다.

"저 마차는 누구의 것이냐?"

"제 것입니다."

"내가 보기엔 네가 마차의 것처럼 보인다."

"그게 무슨 말씀이십니까, 스승님?"

"너는 마차를 상전처럼 떠받들며 머슴처럼 살고 있지 않느냐?"

"……."

"향유할 수 없는 것은 너의 것이라 할 수 없다. 향유할 수 있어야 비로소 너의 것이다. 물건은 물론 따뜻한 햇볕, 맑은 공기, 아름다운 경치도 향유하는 사람의 것이다. 많은 것을 향유하는 사람이야말로 참된 부자라 할 수 있다. 천하를 향유하는 사람이 있다면 돈 한 푼 없더라도 진정 천하제일의 부자라 할 만하다."

향유는 누리어 가지는 것이다. 많은 땅을 소유하고 있으면서 처분도 못 하고 늘 궁핍하게 생활하다 임종을 맞이한 '부자 가난뱅이'의 어리석은 삶을 닮지 않도록 하라. 무소유할 수 없다면 모든 것을 소유하라. 소유란 향유하는 것이다. 향유하지 못하는 소유는 의미 없다. 하늘, 구름, 별, 달, 땅, 강, 바다, 산, 나무, 공기 등 대자연을 향유해 보라. 천하가 나의 것이지 않은가?

고생과 가치

한 제자가 혼잣말로 중얼거렸다.

"이렇게 힘들게 일하니 언젠가는 부자가 되겠지."

그 말을 들은 스승이 말했다.

"돈은 고생의 정도와 상관없다. 돈은 고생에서 나오는 것이 아니라 가치에서 나온다. 고생하더라도 가치 있는 고생을 해야 한다."

※※※

고생의 정도로만 따지자면 막노동이 가장 많은 돈을 벌어야 할 것이나, 실은 전혀 그렇지 않다. 열심히 일해도 가난을 벗어나지 못하고 오히려 적자에 허덕이는 계층을 일컫는 '일하는 빈곤층(Working Poor)'이란 신조어가 이를 단적으로 보여 준다.

낚시와 그물

어떤 사람이 스승을 찾아와 물었다.

"저는 큰 부자가 되기 위해 열심히 일하고 있습니다. 손님들은 끊이지 않고 찾아오지만, 저는 늘 바쁘기만 하고 돈은 많이 벌지 못합니다."

"당신은 무슨 일을 하십니까?"

"아픈 사람들에게 지압을 해 주고 있습니다."

"하루에 몇 명이나 해 줄 수 있습니까?"

"새벽부터 밤늦게까지 일해도 고작 일곱 명 정도입니다. 몸은 녹초가 되지만 벌이는 신통치 않습니다."

이에 스승이 안타까운 듯 한마디 건넸다.

"물고기를 많이 잡으려면 그물을 던져야 합니다. 그런데 어찌해서 당신은 낚시를 하고 있습니까."

***

한 번에 하나씩 팔아야 하는 일은 번거롭기만 하고 수익은 크지 않다. 수만 개를 한꺼번에 파는 사업은 여유롭고 수익도 크다. 혼자 몸으로 한 번에 한 건씩 일을 처리해 나가는 자영업자는 직원을 고용해 역할을 분담하거나 아니면 한꺼번에 큰 거래를 할 수 있는 사업을 찾지 않는 한 빠른 시일 안에 부자가 되기 힘들다.

크게 이루기

스승이 제자들에게 물었다.

"크게 이루는 사람은 어떤 사람이냐?"

이에 여러 제자가 답변을 내놓았다.

"남다른 재능이 있는 자입니다."

"뛰어난 실력이 있는 자입니다."

"끈기 있게 노력하는 자입니다."

"폭넓은 인맥을 가진 자입니다."

"큰 운이 따르는 자입니다."

그러자 스승이 답했다.

"옳은 말이다. 덧붙이자면 크게 이루는 자는 무엇보다도 크게 생각하고 크게 벌이는 사람이다."

미국의 부동산업자인 억만장자 도널드 트럼프는 다음과 같이 말했다.
"자금을 조달해 투자를 한다면 누추한 지역의 허름한 주택보다 마천루를
사는 편이 낫다. 팔 때도 허물어져 가는 집보다 멋진 빌딩에 사람들이 몰린다.
마천루에 투자해 성공을 거둔다면 단박에 큰 부자가 될 것이다. 도산한다면
십만 달러의 손해나 수억 달러의 손해나 무슨 차이가 있겠는가?"
크게 이루려면 크게 생각해야 한다. 생각의 크기가 인생의 크기를 만든다.
보일러 성능이 아무리 좋아도 온도 조절기를 20도에 맞춰 놓으면 방 안 온도는
20도 이상 올라갈 수 없다. 사람의 역량은 자신이 정한 한계만큼 발휘된다.

시간 팔기

거상 공추(貢推)는 품삯을 많이 주지만 새벽부터 밤늦게까지 사람을 독하게 부리는 것으로 악명이 높았다. 그 밑에서 눈코 뜰 새 없이 바삐 일하는 제자 곡정(穀精)이 2년 만에 겨우 하루 휴가를 얻어 스승을 알현했다.

스승이 손수 찻잔을 채워 주며 그에게 물었다.

"너는 그곳에서 무얼 팔아 무엇을 얻느냐?"

"무엇을 파는 게 아니라 하루 내내 장부를 기입하고 정리하는 일을 하고 돈을 받습니다."

"그렇다면 네가 그곳에서 일하는 동안 너 자신을 위해 네 마음대로 시간을 보낼 수 있느냐?"

"그래서는 안 되지요. 저도 공과 사는 구분할 줄 압니다."

"그렇다면 그곳에서 일하는 동안 너의 시간은 누구의 것이냐?"

"그야 공추 님의 시간이라 해야겠지요."

"다시 묻겠다. 너는 그곳에서 너의 수고와 함께 무엇을 팔아 무엇을 얻느냐?"

"생각해 보니 저의 시간을 팔아 돈을 받고 있습니다."

"세상에서 가장 중요한 것이 무엇이냐?"

"생명입니다."

"시간이 곧 생명 아니더냐?"

"그렇습니다."

"그렇다면 오직 품삯 하나 위해 생명을 바친다는 것은 너무나 아까운 일이지 않느냐?"

"부자는 결과에 따라 보상받고 가난한 사람은 시간에 따라 보상받는다"라는 말이 있다. 직장에서 얻을 것이 봉급밖에 없는 사람은 엄청나게 손해 보는 장사를 하는 것이다. 봉급 이외에도 능력 발전, 기회 창출, 보람과 가치, 좋은 인맥, 일의 재미 등 여러 가지 유익한 것을 함께 얻을 수 있어야 한다. 탈무드에 이런 말이 있다. "많은 사람이 돈을 시간보다 소중하게 여기지만, 돈 때문에 잃어버린 시간은 돈으로 살 수 없다."

부의 틀

다과회를 하던 도중 스승이 갑자기 사과를 하나 들어 보이며 제자들에게 물었다.

"사과나무를 가지겠느냐, 사과를 가지겠느냐?"

그러자 제자들이 한목소리로 대답했다.

"사과나무를 가지겠습니다."

"좋다. 하나 더 묻겠다. 우물을 가지겠느냐, 한 통의 물을 가지겠느냐?"

이번에도 제자들은 이구동성으로 "우물을 가지겠습니다"라고 대답했다.

스승이 힘주어 말했다.

"그렇다. 사과나 물은 먹고 마시면 금방 없어진다. 하지만 사과나무나 우물은 계속적으로 사과와 물을 우리에게 선사한다. 사과나 물 같은 당장 눈앞에 놓인 재물에 연연해할 것이 아니라 지속적인 부를 기대할 수 있는 사과나무나 우물 같은 부의 기틀을 잘 만들어야 하느니라."

눈앞의 것에만 급급하면 발등의 불 끄기에 급급한 삶을 살게 된다. 내일 지구가 멸망하더라도 한 그루의 사과나무를 심겠다는 스피노자의 말을 되새겨 보자. 소득도 일회성 수입이 아닌 지속성 수입이 되도록 하자. 한 번의 노동으로 계속 수익이 발생하는 일을 도모하는 것이 좋다. 예를 들면 저작권료, 로열티, 특허, 임대 수익 등이 그것이다. 마치 우물을 파는 것처럼 한 번의 노동으로 평생 먹고살 돈을 벌 수 있다.

게임의 규칙

한 제자가 스승에게 물었다.

"시간이 흐를수록 강자는 더욱 강해지고 약자는 더욱 약해지는 이유가 무엇입니까?"

"시합과 규칙을 강자가 정하기 때문이지. 그들은 자신에게 유리한 시합을 만들고 규칙을 정한다."

"그렇다면 약자는 그 시합에서 아무리 애써 봐야 질 게 뻔하지 않습니까?"

"그렇다고 할 수 있지. 그런데도 부나방처럼 뛰어드는 어리석은 약자가 많다."

"모든 것을 강자가 결정하는 세계에서 어찌하는 것이 현명한 길입니까?"

"실은 강자니 약자니 하는 것도 상대적이며 분야에 따라 달라진다. 자신의 역량을 잘 발휘할 길을 선택하면 자신이 강자가 될 것이고 그렇지 못하면 약자가 되는 것이다. 만일 사자가 만들어 놓은 격투기 대회에 낙타가 나간다면 처참하게 피를 튀기며 살점이 뜯겨 나갈 것이다. 낙타라면 무거운 짐 싣고 사막 횡단하기를 선택해야 한다."

어떤 분야를 선택하느냐에 따라 강자가 될 수도 있고 약자가 될 수도 있다. 일을 선택할 때는 자신이 강자가 될 수 있는 분야인지 생각해 봐야 한다. 그러기 위해 가장 먼저 해야 할 일은 소크라테스의 가르침처럼 '먼저 나 자신을 아는 것'이다.

청년의 시간

어느 날 게으름을 피우는 젊은 제자에게 스승이 충고를 했다.

"청년의 시간은 장년의 시간보다 값은 덜할지 몰라도 가치는 더하다. 청년의 시간은 씨앗이며 무궁무진한 가능성을 품고 있기 때문이다."

청년기에 시간을 어떻게 보내느냐가 인생 전체에 큰 영향을 미친다. 청년기에 잘 파 놓은 우물 하나로 평생 편하게 물을 마실 수도 있다. 유망한 자격증을 따려고 사람들이 몰려들거나 고시 열풍이 부는 것도 이와 같은 맥락이다.

그럼에도 불구하고

한 제자가 투덜대며 말했다.

"온갖 부조리와 비리가 판치는 불공정한 세상에서 어찌 올바른 길을 걸어 부자가 될 수 있겠습니까?"

"그래서 어쩌겠다는 것이냐. 너 혼자 세상을 바꾸겠다는 것이냐, 아니면 너도 비리를 저지르겠다는 것이냐?"

"답답한 마음에 그냥 해 본 소리입니다."

"'무엇 때문에'라며 투덜거리고 탓만 하는 것은 아무 소용없다. '그럼에도 불구하고' 자신이 할 수 있는 것을 찾아 최선을 다하는 사람이 되어야 한다."

위대한 성취를 이룬 이들이 살았던 세상과 우리가 사는 세상은 결코 다르지 않다. 그들은 '그럼에도 불구하고' 위대한 성취를 이루어 냈다. 당연한 성공에는 감동이 없다. 그럼에도 불구하고 이뤄 낸 성공은 감동뿐 아니라 교훈마저 준다.

제 2 장

먼저 마음의 밭을 갈아라

豐饒經

청소

    아주 박학다식한 이가 입문을 했다. 그는 지식은 풍부하지만 온통 잡생각으로 가득해 수업에 집중을 하지 못했다. 어느 날 스승이 그를 불렀다.

    "오늘 새로운 가구를 들여놓으려 한다. 무엇을 해야 하겠느냐?"

    "헌 가구를 치우고 청소를 해 놓아야겠습니다."

    "그렇다. 새로운 가구를 들여놓으려면 먼저 헌 가구를 치워야 한다. 배움이나 생각도 마찬가지다."

    "알겠습니다."

    "이제 설명을 해도 알아듣겠구나. 공부에는 두 가지가 있다. 채워 나가는 것과 비워 나가는 것이다. 채워 나가는 것은 지식의 공부이며 비워 나가는 것은 지혜의 공부니라. 지혜롭고자 한다면 비워라."

    "제가 아둔하고 우둔하여 무엇을 비워야 할지 아직 모르겠습니다."

    "아집을 비우면 잘 배우게 된다. 욕심을 비우면 현명해진다. 두려움을 비우면 용기가 생긴다. 게으름을 비우면 길이 열린다. 자만심을 비우면 엉뚱한 실패를 면한다. 자신을 비우면 도를 깨친다."

    "알겠습니다. 열심히 비우고 부지런히 채우겠습니다."

    그러자 스승은 웃으며 말했다.

"그래, 하나만 더 말하겠다. 비우는 것은 인간의 몫이지만 지혜로
채워 주시는 이는 신이다."

고정관념에 매여 있으면 새로운 것을 받아들이기 힘들다. 비워야 채울 수 있다.
지혜안(智慧眼)은 안경의 색을 바꾸는 것이 아니라 색안경을 벗는 것이다.

순서

스승이 제자들에게 물었다.

"풍요로워지려면 물질이 먼저냐 마음이 먼저냐?"

"물질이 먼저입니다. 살림이 군색하면 마음도 그러하니까요."

스승이 깨진 항아리를 주며 물을 가득 담아 보라고 했다.

"스승님, 항아리가 깨져 있지 않습니까? 물을 아무리 담아 봐야 소용없습니다."

"그렇다. 물을 담으려면 항아리부터 살펴야 한다. 세상 사람들은 물질을 풍요롭게 함으로써 마음을 풍요롭게 하고자 한다. 이는 순서가 잘못된 것이다. 물질은 인간의 마음을 채울 수 없다. 물질은 풍요해지는데 마음은 점점 빈곤해지는 사람이 얼마나 많은가. 먼저 마음을 풍요롭게 가져야 한다. 마음은 물질을 담는 그릇이다. 그릇이 샌다면 아무리 많이 담아도 늘 공허할 뿐이다."

바탕이 튼튼하지 않으면 그 어떤 집도 사상누각(沙上樓閣)에 불과하다. 아무리 멋진 탑도 모래 위에 쌓는다면 결국 무너지게 마련이다. 풍요로운 마음은 풍요로운 삶의 바탕이다.

다른 점

제자 명철(名哲)이 스승에게 물었다.

"공자는 '아침에 도를 들으면 저녁에 죽어도 좋다(朝聞道 夕死可矣)'라고 했습니다. 어떻습니까?"

"훌륭한 말씀이다. 무엇인가를 성취하려면 그만큼 절실히 갈구해야 한다."

명철이 다시 물었다.

"그렇다면 아침에 돈을 벌면 저녁에 죽어도 좋다고 하는 것은 어떻습니까?"

"아침에 돈을 벌고 저녁에 죽으면 어떡하느냐. 널리 베풀고 죽어야지."

❀❀❀

아무리 돈이 많아도 죽으면 한 푼도 가져갈 수 없다. 그런데도 사람들은 저승에 가져가기라도 할 것처럼 욕심을 낸다. 베풀어야 한다. 씨는 뿌리기 위한 것이고 돈은 베풀기 위한 것이다.

약속

스승에게 제자 한 명이 질문을 했다.

"포목상을 하고 있는 도정(棹頂)은 자신이 손해가 날 듯하면 약속 어기기를 밥 먹듯이 합니다. 그런데도 그는 부자입니다."

스승이 답했다.

"그는 작은 부자는 될 수 있을지언정 결코 큰 부자는 되지 못할 것이다. 그리고 그의 부가 오래 가지도 못할 것이다. 크게 성공하려면 손해가 나더라도 반드시 약속을 지켜야 한다. 제나라 환공(桓公)이 그리 하지 않았느냐."

제나라 왕 환공(桓公)은 관중(管仲)이란 걸출한 신하의 도움으로 노나라와의
전쟁에서 대승을 거뒀다. 이에 노나라 왕 장공(莊公)이 화평을 청해 왔다.
축하연 자리에서 조말(曹沫)이라는 노나라 장수가 갑자기 뛰쳐나와 환공의 목에
비수를 들이대고 영토를 돌려주지 않으면 죽이겠다고 협박했다. 크게 놀란
환공은 얼떨결에 "알았다" 하며 약속을 해 버렸다.
환공은 생각할수록 화가 나 조말을 죽이고 약속을 취소하려 하였다. 이
이야기를 들은 관중이 환공에게 나아가 아뢰었다. "비록 협박을 받는 상황에서
할 수 없이 약속하셨으나, 약속은 약속입니다. 무릇 군주의 말 한마디는 천금
같아야 하옵니다." 이에 환공은 빼앗은 영토를 노나라에 반환했다. 이 소식을
들은 세상 사람들은 "제나라 환공은 어떤 경우라도 신의를 지키는 명군"이라며
우러러 보았고, 그로부터 몇 년 뒤 여러 제후가 맹주로 추대하여 환공은 천하의
패자로 등극하게 된다.
이익만 좇는 자는 큰 부자가 되기 어려우며, 결국에는 화를 초래하기 쉽다.
신뢰를 지키고 순리를 따라야 한다.

목적과 결과

스승이 돈에 너무 급급해하는 제자를 불러 물었다.
"네 삶의 목적이 무엇이냐?"
"돈을 많이 벌어 성공하는 것입니다."
"돈과 성공은 목적이 아니라 결과다. 올바른 방향으로 나아갔을 때 얻게 되는 열매일 뿐이다."

꽃

인생의 최종 목적지는 죽음이다. 삶은 여정이 중요하다. 돈과 성공만 좇아 삶의 여정을 불행하게 희생하는 인생이 되어서는 안 된다.

유일함

모든 제자가 시험을 치르기 위해 모인 자리에서 스승이 말했다.

"너희들은 모두 최고가 될 수 있다."

그러자 한 제자가 물었다.

"하지만 결국 저희들 중에 최고는 한 명뿐이지 않습니까?"

"최고가 되는 데는 두 가지 방법이 있다. 남보다 뛰어난 사람이 되는 것과 남과 다른 유일한 사람이 되는 것이다. 후자가 더 행복한 길이며 창조의 길이다."

✿

세상에 자기 자신과 똑같은 이는 한 사람도 없다. 자기 자신이 유일하게 최고가될 수 있는 분야를 발견하여 계발하자. 다수를 따라가면 다수 중 한 사람이 될뿐이다. 다수 중에서 성공하려면 많은 경쟁자를 물리쳐야 하므로 그만큼 큰희생을 치러야 한다. 남들을 누르고 뛰어난 사람이 되기보다 남다른 길을 걷는행복한 소수가 되자.

부자가 되기 위한 마음 점검

제자 석천(石泉)은 본인도 가난하지만 자기보다 형편이 못한 동료나 이웃을 잘 도와주었다. 하지만 부자들에게는 괜한 시샘을 했다.

어느 추운 날 어려운 이웃을 위해 기부금을 모았는데, 역시 석천이 앞장서 그 일을 했다. 모금을 마치고 돌아온 그가 스승을 뵈었다.

"궁금한 게 있습니다."

"말해 보거라."

"부자보다 가난한 사람이 자기보다 어려운 이에게 동정심을 가지고 잘 도와주는 것 같습니다."

"그런 경향이 있다. 어쨌든 남을 돕는 것은 훌륭하고 칭찬받아야 마땅한 일이다."

"저도 그렇게 생각하고 실천하고 있습니다. 그런데 저는 여전히 가난에서 벗어나지 못하고 있으며 마음이 풍요롭지도 못합니다. 저의 문제점이 무엇인지 가르침을 주십시오."

"자기보다 더 성공한 사람을 만났을 때의 태도다. 가난한 사람은 시샘하는 마음을 더 크게 가지는 반면, 부자는 배우고자 하는 마음을 더 크게 가진다."

다른 사람의 성공을 바라보면서 배 아파 하지는 않는가. 진정 부자가 되려면 다른 사람의 성공을 진심으로 인정해 주고 기뻐해 줄 줄 알고 뭔가 배우려는 자세를 가져야 한다.

태연함

스승이 많은 제자 앞에서 언제나 태연함을 잃지 않는 대정(大定)을 가리켜 칭찬했다.

"대정은 장차 큰 부자가 될 것이다."

"어떤 연유로 그러하옵니까?"

"대정을 보아라. 큰 고비가 닥치거나 돈을 잃을 때조차도 늘 태연함을 유지하지 않느냐?"

태연함에서 지략이 나온다. 송나라에 조위라는 장군이 있었다. 어느 날 그는 수백 명의 병사가 적에게 항복했다는 보고를 받았다. 참모들이 놀라고 걱정스러운 표정으로 바라보자 그는 태연하게 웃으면서 말했다. "걱정하지 마라. 내가 그렇게 하라고 비밀리에 명령을 내렸다." 이를 전해 들은 적군은 도망해 온 병사들을 모조리 참살하였다.

자유와 속박

스승이 제자들에게 물었다.

"돈의 가장 큰 장점이 무엇이라고 생각하느냐?"

한 제자가 대답했다.

"자유를 주는 것입니다."

"그렇다. 돈은 자유를 준다. 하지만 많은 이가 돈 때문에 자유를 잃는 것도 사실이다."

"그 연유가 무엇인지요?"

"돈을 삶의 목적으로 하면 자유를 잃고 돈에 속박당한다."

·····

칸트는 "재물은 생활을 위한 방편이지 삶의 목적이 될 수 없다"라고 말했다. 돈이 삶의 방편이 아닌 목적이 되면 돈 때문에 사람을 해치고, 돈 때문에 사랑 없이 결혼하며, 돈 때문에 소중한 관계를 끝장내고, 돈 때문에 꿈을 포기하며, 돈 때문에 스스로 목숨을 끊기도 한다. 'LIVE(삶)'을 거꾸로 읽으면 'EVIL(악)'이 된다. 돈에 얽매여 본말이 전도된 삶을 살아서는 안 된다.

싸우지 않고 이기는 것이 최상인가

오랫동안 군에서 장수로 활동한 제자가 있었다. 그는 온갖 병법에 능통했다. 어느 날 그가 스승에게 물었다.

"손자(孫子)는 싸우지 않고 이기는 것이 최상의 방법이라고 했습니다. 이 말은 우리 삶에도 적용할 수 있는 최상의 방법이 아닐까 생각됩니다. 스승님은 어찌 생각하시는지요?"

은근히 칭찬을 기대하고 있는 제자에게 스승은 뜻밖의 대답을 했다.

"그것은 최상이라고 할 수 없다."

제자가 고개를 갸우뚱하며 다시 물었다.

"그럼 무엇이 최상입니까?"

"싸우지 않고 서로 평화롭게 도와 가며 지내는 것이 최상이다."

이에 제자가 고개를 숙이며 예를 표하자 스승이 말을 이어 나갔다.

"우리 부가(富家)의 풍요 철학은 싸움의 철학이 아니라 평화의 철학이니라. 삶을 '이기고 지는' 전쟁터로 생각해서는 안 된다. 그런 생각이 모여 결국 전쟁이 일어나는 것이다."

우리가 사는 세상은 한 사람 한 사람의 생각이 반영되어 나타난 것이다. 이긴다는 말은 다툼을 전제로 한다. 서로 이기고자 하는 생각이 만연하는 세상은 점점 경쟁이 치열해지며 결국은 전쟁터로 변모하게 된다.

경멸과 사랑

학당에서 개를 한 마리 키우고 있었는데 사람들을 잘 따랐다. 누군가 지나가면 달려와 꼬리를 치며 무척 반기는데 유독 규동(閨桐)에게만은 그러지 않았다. 다른 제자들이 이를 보고 놀리자 규동은 자기는 개를 싫어하므로 오히려 다행이라 했다.

스승이 웃으며 말했다.

"강아지도 느낀다. 내가 싫어하면 가까이 오지 않으려고 한다. 재물도 마찬가지다. 돈을 경멸하면서 어찌 돈이 들어오기를 바라는가? 돈을 사랑하라. 그러나 그것만으로는 부족하다. 돈이 자신을 사랑하도록 하라."

❧

지구는 하나의 큰 자석이다. 자석에는 두 가지 힘이 존재한다. 밀어내는 힘과 끌어당기는 힘이다. 인간 세상도 마찬가지다. 증오는 대상을 밀어내며 사랑은 대상을 끌어당긴다. 무언가를 끌어당기고 싶다면 먼저 그 대상을 사랑하라.

운명

큰 사고를 당한 제자를 스승이 조용히 불렀다.

"어떠하냐?"

"마음이 너무나 괴롭고 견디기 힘듭니다. 생각할수록 고통스럽기만 합니다."

"그래, 이제 그 생각을 끝내도록 해라. 나쁜 생각을 계속 떠올리는 것은 눈덩이를 굴리듯 고통을 더욱 키우는 일이다. 운명을 개척하는 것만큼이나 운명을 받아들이는 데도 용기가 필요하다. 개척할 것은 개척해 나가되 받아들일 것은 받아들여라. 그것이 순리를 따르는 지혜로운 일이다."

어쩔 수 없는 일을 바꾸려고 애를 쓰다 보면 계속 근심과 고통의 수렁에 빠져 허우적거리게 된다. 지혜로운 사람은 내려놓을 것을 내려놓을 줄 알고, 그만둘 것을 그만둘 줄 아는 이다.

마음먹은 때로 보인다

　동료 선겸(扇兼)과 동업을 하고 있는 제자 백회(白悔)가 스승을 찾아
왔다.

　"스승님께서 아시다시피 저는 선겸과 동업을 하고 있습니다. 함께
일한 지 일 년도 되지 않았는데 벌써부터 선겸에 대한 믿음이 줄어들
고 선겸이 하는 말이나 행동이 자꾸만 의심스럽습니다. 제가 보기엔
선겸도 저에게 그러한 생각을 품고 있는 듯합니다. 대체 무엇이 잘못
된 것일까요?"

　그러자 스승이 물었다.

　"너는 이곳에 오기 전에 어디에서 배웠느냐?"

　"네, 도가에 있었습니다."

　"그렇다면《열자(列子)》에 나오는 도끼를 잃어버린 사람의 얘기를
알고 있겠구나."

　"네, 알고 있습니다."

　"바로 그것이다. 나는 너와 선겸 모두를 잘 알고 있다. 둘 다 서로를
속이거나 기만할 사람이 아님은 분명하며 누가 변한 것도 아니다. 다
만 서로를 보는 눈이 달라져 버린 것뿐이다. 똑같은 것도 어떤 마음으
로 바라보느냐에 따라 다르게 보이느니라. 감정으로 혜안(慧眼)이 흐

려지지 않도록 하여라."

《열자(꼐子)》에 나오는 이야기다. 도끼를 잃어버린 사람이 있었다. 생각해 보니
아침에 도끼를 빌리러 왔던 이웃집 아이가 의심스러웠다. 아이의 걸음걸이,
표정, 어투를 보아하니 도끼를 훔친 게 틀림없어 보였다. 그런데 다음 날 산에
나무하러 가 보니 잃어버렸던 도끼가 거기 있는 것 아닌가. 전날 잊고 가져오지
않은 것이다. 마을로 내려와 다시 아이를 만났는데 그의 행동을 보니 의심할
만한 구석이 한 군데도 없었다.
주관적 판단은 객관적 사실을 왜곡시킬 수 있다. 감정이 크게 개입되면
판단력이 흐려진다. 마음을 비우고 의심과 욕심의 색안경을 벗어야 사물을
정확하게 볼 수 있다.

어느 갑부의 인간 통치술

수많은 하인을 자기 혀처럼 잘 다루기로 소문난 갑부가 있었다.

밤낮 없이 일을 시키면서도 보잘것없는 품삯을 주어 하인들은 대부분 어렵고 빈곤한 생활을 했다. 그런데도 모두 뼈가 부서져라 열심히 일했다. 혹자는 그 갑부를 일컬어 인간 통치술의 대가라 불렀다. 어느 날 부자들의 모임에서 그 갑부가 자신의 '인간 통치술 비결'을 공개했다.

"제가 여러분께만 특별히 비결을 알려 드리죠. 비결은 간단합니다. 상위직 몇 개를 만들어 하인 몇을 황금 의자에 앉히고 화려한 대우와 큰 보수를 줍니다. 그리고 수많은 다른 하인들에게는 누구나 열심히 일하면 황금 의자에 오를 수 있다는 가능성을 제시하고 '나도 할 수 있다'는 신념을 머리에 심어 줍니다. 그리고 서로 경쟁을 시키면 모두들 죽을 만큼 열심히 일한답니다."

스승을 대신해 이 자리에 참석한 제자 보현(普賢)이 물었다.

"부당한 대우에 대한 불만이 터져 나오지는 않습니까?"

"모두가 오로지 황금 의자에 관심이 쏠려 있어 부당함을 느끼지 못합니다. 모든 것은 자신의 경쟁력이 부족하기 때문이며, 경쟁에 뒤처지는 것을 자신의 불성실과 무능 탓이라고 생각하도록 분위기를 만드는 것도 필요합니다."

"그렇게 하인을 현혹시킬 것이 아니라 존경받는 사람이 되고 싶지 않으신가요?"

"존경은 이미 엄청 받고 있습니다. 모두들 황금 의자가 최고의 목표인데 황금 의자를 만든 저는 얼마나 존경을 받겠습니까?"

"갑부님의 잘못이나 허물을 꿰뚫어보는 이도 분명 있을 것인데 두렵지 않습니까?"

"경쟁이 치열해질수록 사람은 수단과 방법을 가리지 않게 되기 때문에 양심에 어긋나는 일도 쉽게 행하게 됩니다. 편법이 일상이 되는 것이지요. 그러면 저의 잘못이나 허물에 대해서도 사람들은 무척이나 관대해집니다."

제자 보현이 돌아와 스승에게 아뢰자 스승은 쓸쓸한 마음을 감추지 못했다.

칸트는 "사람을 목적으로 대하라. 결코 수단으로 대해서는 안 된다"라고 말했다. 주위 사람들을 어떻게 생각하며 사는가. 서로 도와주고 함께하는 소중한 사람인가, 경쟁 대상이자 이용 수단인가. 상위 1%에 들어가기 위해 독기 품은 눈으로 처절하게 몸부림치고 있지는 않은가.

사람이 재산인가

큰 사업을 해서 막대한 부를 이룬 젊은 갑부가 스승에게 조언을 구하러 찾아왔다. 그는 과거 스승의 조언 덕분에 큰 위기를 극복한 적이 있었다. 다과를 준비하는 동안 제자들이 앞다퉈 갑부에게 물었다.

"대인께서는 돈도 많고 땅도 많다고 들었습니다. 재산이 헤아릴 수 없이 엄청나다면서요?"

"부리는 사람들의 수도 어마어마하다면서요?"

갑부는 답하지 않고 겸허한 자세를 취하며 계면쩍은 미소를 흘렸다.

이때 제자 명혜(明慧)가 물었다.

"대인의 가장 큰 재산은 무엇이라고 생각하십니까?"

갑부는 뿌듯한 표정으로 자신 있게 말했다.

"저의 가장 큰 재산은 사람입니다."

말을 마친 갑부가 내심 멋진 말을 했다는 칭찬이라도 들으려는 듯 스승 쪽으로 고개를 돌렸다. 이에 스승이 말했다.

"많은 분이 그렇게 답하는 것을 들었습니다. 당신 또한 사람을 큰 가치로 여기는 것은 잘 알겠습니다. 하지만 생각을 되짚어 보는 성찰이 필요합니다. 당신에게 가치 있는 사람이란 당신이 돈을 벌어들이는 데 얼마나 기여하는가가 잣대가 될 것입니다. 그렇지 않습니까?"

"그건 그렇지요."

"사람을 재산이라 여겨서는 안 됩니다. 재산은 결국 도구이자 수단에 불과합니다. 사람이 도구나 수단이 되어서는 안 됩니다. 사람은 그 자체로 존중받고 가치를 인정받아야 합니다. 왜냐하면 당신 역시 사람이며 사람은 곧 당신이니까요."

이에 갑부는 감사의 예를 표하며 말했다.

"재산이 쌓여 가는데도 저의 마음은 항상 공허하고 외로웠습니다. 이제 그 이유를 알 것 같습니다."

사람이 재산이라는 말은 그럴듯하게 들리지만 이는 사람을 수단으로 여기며 도구화하는 말이다. 사람을 재산이 아니라 또 다른 나 자신이며 가족처럼 소중히 여겨야 한다. 당신의 자녀 중 성장이 더딘 아이가 있다면 당신은 당신 가족에서 그 아이를 해고할 것인가?

사람이 있고 나서 기업이 있고, 사람이 있고 나서 사회가 있다. 사람이 우선시되는 기업과 사회야말로 모두 함께 행복한 멋진 세상을 만들며 종국에 가서는 더 큰 성장과 발전을 이뤄 낼 것이다.

지혜롭고 행복한 성취

자기 자신을 눈코 뜰 새 없이 힘들고 바쁘게 몰아붙이는 제자에게 스승이 물었다.

"넌 만날 자신을 왜 그렇게 힘들게 하고 바쁘게 몰아붙이느냐?"

"저는 가만히 있으면 뭔가 불안합니다. 무엇을 하든 바쁘게 움직여 야만 안심이 됩니다."

"불안은 풍요의 마음을 잃어버렸을 때 나온다. 자신을 정신없이 바쁘고 힘들게 몰아붙이는 사람은 마음속에 막연한 불안이 자리하고 있는 경우가 많다. 이런 이들은 불안한 마음이 들 때 몸과 마음을 괴롭혀 빽적지근하게 해 놓아야 일단 안심이 되고 뭔가 대비를 해 둔 것 같은 느낌을 가지게 되는데, 이는 어리석은 일이다."

"고생 끝에 낙이 온다고 하지 않습니까?"

"그 고생은 창조적이고 발전적인 실천을 강조한 것이지 자신을 학대하고 괴롭히라는 뜻이 아니다. 생산적이지 않은 쓸데없는 고민과 소비적인 노동으로 심신을 갉아먹는 행위는 그야말로 에너지 낭비이며 삶을 파괴하는 행위다. 물론 풍요와도 멀어지는 길이다."

"알겠습니다. 제가 몸과 마음을 쓸데없이 혹사시킨 것 같습니다."

"그래, 보람 있고 가치 있는 결과를 낳으려면 항상 어려움과 고통이 수반되어야 한다는 고정관념에서 벗어나도록 하여라. 일이 힘들고 고단하다고 해서 돈이 더 많이 벌리는 것은 결코 아니다. 위대한 성공은 괴로운 정도에 따른 결과가 아니라 지혜의 산물임을 명심하여라. 지혜는 고통과 번민 속에서 나오는 것이 아니라, 고요함과 풍요로운 마음에서 샘솟느니라. 성취의 부담 때문에 쓸데없이 몸과 마음을 괴롭히지 말고 풍요로운 마음으로 여유를 갖고 보다 지혜롭게 효율적으로 일을 해야 한다. 행복의 뿌리에서 행복의 열매가 열리는 법이니 행복하게 성취하여라."

실적이 오르지 않아 질책받던 직원이 이렇게 말한다. "요즘 제가 얼마나 힘들게 일하는지 아세요? 몸살이 날 지경이라고요." 열심히 하고 있는데 왜 몰라주느냐는 직원의 반박이다. 본인의 입장에서는 몸과 마음이 힘들면 일단 열심히 한 것이다. 하지만 그것은 착각이다. 몸살이 일을 성실히 잘 수행한 결과는 아니다. 이는 어찌 보면 전혀 별개의 일이다. 결과를 만들어 내야 한다. 훌륭한 결과는 지혜와 효율적인 수행으로 인한 것이지 자기 혹사에서 비롯되는 것은 아니다. 록펠러는 "하루 종일 일하는 사람은 돈을 벌 시간이 전혀 없다"고 했다. 여유를 가지고 지혜와 창의력으로 전략을 잘 짜야 한다.

마음의 계산

스승이 제자들에게 물었다.

"왕이 10만 번째로 성문에 들어서는 사람에게 황금 200냥을 주기로 했다. 이런 사실을 모르고 무심코 성문을 들어섰는데 바로 10만 번째 행운의 주인공이 되어 황금 200냥을 받게 되었다. 그렇다면 기분이 어떻겠느냐?"

모두들 너무나 기쁠 것이라고 대답했다. 이에 스승은 다시 물었다.

"이번엔 다른 경우를 말해 보겠다. 왕이 10만 번째로 성문에 들어서는 사람에게 황금 1000냥을 주고, 바로 그다음에 들어오는 사람에게는 황금 300냥을 주기로 했다. 그런데 성문을 들어서다 잠시 한눈을 파는 순간 어떤 사람이 성문으로 불쑥 들어가 그가 황금 1000냥을 받게 되고, 자신은 그다음으로 들어가 황금 300냥을 받게 되었다고 하자. 이때 기분은 어떻겠느냐?"

그러자 모두들 너무나 아쉽고 속상한 일이라고 대답했다.

스승이 말했다.

"두 번째 경우는 첫 번째 경우보다 황금 100냥을 더 받았지만 마음은 정반대다. 인간의 마음 계산은 이렇듯 항상 감정이 섞이게 마련이어서 합리적이지 못하다. 너희들은 감정에 휘둘리지 않도록 유의하여라."

행복과 불행, 만족과 불만족, 성공과 실패, 기쁨과 속상함은 모두 자신이
어떻게 받아들이느냐에 달려 있다. 만족할 줄 모르는 욕심과 쓸데없는 집착은
우리를 고통과 불행으로 이끈다.

등급

제자가 스승에게 물었다.

"풍요의 단계를 구분하면 어떻게 나눌 수 있겠습니까?"

"굳이 나눠 본다면 하 단계는 물질의 풍요, 중 단계는 마음의 풍요, 상 단계는 나눔의 풍요라 할 수 있다."

나눔의 풍요가 제일 높은 경지다. 나 혼자 잘 먹고 잘 사는 인생은 결코 풍요로운 삶이라 할 수 없다. 함께 나눌수록 커지는 기쁨을 한 번도 경험해 보지 못한 이가 있다면 그는 정말 불쌍한 인간이다.

욕심의 배

　한 제자가 사업을 벌였는데 운이 따라 시작부터 손님이 구름같이 몰렸다. 이에 그 제자는 곧바로 사업을 더 크게 확장하고자 했다. 주위 사람들이 무리한 확장이라며 만류를 하는데도 그는 아랑곳하지 않았다. 이에 스승이 그를 불러 말했다.

　"어느 날 한 어부가 물고기를 잡으러 바다로 나갔다. 그날은 운 좋게도 바다에 물고기 천지였다. 어부는 기쁜 마음으로 물고기를 잡기 시작했다. 물고기가 배에 산처럼 가득 쌓여 갔다. 이제 그만 실어야 하는데도 그는 욕심 때문에 그만둘 수 없었다. 결국 배는 가라앉았다."

❀

욕심이 과하면 결국 파산한다. 자신의 역량 이상으로 일을 벌이지 않도록 하라.

優(뛰어날 우)

스승이 '優(뛰어날 우)' 자를 크게 써서 벽에 붙여 놓았다.

여러 제자가 궁금하게 여기고 있는데 명혜(明慧)가 나서서 동료들에게 설명했다.

"뛰어날 우(優) 자를 살펴보면 사람 인(人)에 근심 우(憂)로 이뤄져 있다. 스승님께서는 고난을 통한 단련이야말로 성장과 발전의 초석이라는 뜻을 전하시고자 한 것이다."

멀리서 이 모습을 지켜보던 스승이 미소를 지으며 고개를 끄덕였다.

맹자는 '생어우환 사어안락(生於憂患 死於安樂)'이라 했다. 사람은 우환(憂患)에 살고 안락(安樂)에 죽는다는 뜻이다. 고난과 어려움을 고통스럽게 여기지 말고 수행의 도구, 성장의 발판으로 삼아야 한다. 배우려는 사람에게 고난과 어려움은 훌륭한 스승이다.

욕심

관직에 나가 높은 벼슬을 하고 있는 제자가 인사차 스승을 방문했다.

제자 중 한 명이 후배로서 그에게 물었다.

"선배님은 정말 많은 사람을 겪으셨겠습니다."

"그렇습니다. 수많은 사람을 만나 왔지요."

"저는 심약한 편이라 강해지고 싶은데, 만나 본 사람들 중에서 가장 강한 사람은 어떤 사람인지 제가 배울 수 있게 말씀해 주십시오."

"가장 강한 사람은 욕심이 없는 자입니다. 그에게는 어떤 뇌물도 통하지 않습니다. 그는 어떤 유혹에도 흔들리지 않으며 어떤 위협에도 초연합니다. 심지어 왕도 그를 어찌할 수 없습니다."

***

살고자 하는 욕심을 버린 군대를 누가 대적하리. 인간을 당당하지 못하고 약하게 만드는 것은 욕심이다. 우리가 누군가를 만났는데 당당하지 못하고 위축된다면 상대에게 뭔가 얻고자 하는 욕심이 있기 때문이다. 적어도 호감이라도 얻기를 바라는 것이다.

제 3 장

바라는 것을
성취하는 비결

豐饒經

자신의 몫

스승이 제자들에게 물었다.

"사랑하는 사람에게 입맞춤을 하고 싶지만 거절을 당할까 봐 두려운 이가 있었다. 그래서 용기 있는 누군가에게 부탁을 했다. '용기 있는 자여, 그녀의 입술에 나 대신 입맞춤을 해 주오.' 너희들은 이 사람을 어떻게 생각하느냐?"

"세상에 그런 명칭이는 없을 것입니다."

그러자 스승이 말했다.

"나의 행복과 성공은 나 자신의 몫이다. 다른 사람이 대신해 주기를 바라지 마라."

❀❀❀

어떤 일이든 책임이 따르고 그에 상응하는 부담이 따른다. 그러한 것들을
피하려고 중요한 것조차 남에게 미루는 것은 행복과 성공의 기회마저 남에게
미루는 꼴이다. 용기를 갖고 삶을 스스로 만들어 나가는 기쁨을 누리자.

세 가지 힘

한 제자가 스승에게 물었다.

"부자가 되기 위해서는 어떤 힘이 필요할까요?"

스승은 거침없이 대답해 주었다.

"판단력, 추진력, 자제력이다."

제자는 다시 물었다.

"그중에서 어떤 것이 가장 중요할까요?"

스승은 호기심 많은 제자를 미소 띤 얼굴로 바라보며 답변을 이어나갔다.

"사람에 따라 다를 수 있다. 사려 깊지 못한 사람은 판단력을, 우유부단한 사람은 추진력을, 성급한 사람은 자제력을 길러야겠지."

<hr />

판단력, 추진력, 자제력. 마치 운전을 할 때 자동차의 핸들, 액셀러레이터, 브레이크를 조작하듯이 방향을 잘 잡고, 나아갈 때 나아가고, 멈춰야 할 때 멈춰서야 한다.

기회와 변화

한 제자가 스승에게 하소연하듯이 물었다.
"저에게는 왜 아직까지 기회가 오지 않는 것일까요?"
그러자 스승이 답했다.
"기회를 알아보는 눈을 길러야 한다."
"스승님, 기회는 어디에서 옵니까?"
"변화에서 온다."
"세상에 변화하지 않는 것은 하나도 없지 않습니까?"
"그러므로 기회는 언제나 있다."

기회는 항상 온다. 다만 보지 못할 뿐이다.

미래는
도전하는 자의 것

스승이 말했다.

"미래는 꿈꾸는 자의 것이다. 꿈을 크게 가져라."

그러자 따지기를 좋아하는 제자 공표(貢表)가 앞으로 나서 물었다.

"꿈은 꾸었지만 못 이룬 사람이 너무나 많지 않습니까?"

"꿈이 막연했기 때문이다. 꿈은 구체적인 목표를 바탕으로 해야 한다."

"그런데도 이루지 못하는 경우가 많은 것은 무엇 때문입니까?"

"믿지 못하기 때문이다. 꼭 이루어질 거라고 믿어야 한다."

"그렇다면 구체적인 목표 아래 자신의 꿈을 마련하고 이것이 이루어질 거라고 믿기만 하면 되는 것입니까?"

"아니다. 그것을 시도하고 도전하는 자가 미래를 차지하게 된다."

꿈을 나의 마음속에서 먼저 이루는 것이 믿음이며 현실에서 이루는 것이
실천이다.

통찰력

좋은 사업 기회를 찾고 있던 제자 고혜(雇慧)가 스승에게 물었다.

"기회를 잘 발견하는 사람은 어떤 능력을 가지고 있는 걸까요?"

"통찰력이다."

"통찰력은 어떤 능력입니까?"

"보이는 것뿐 아니라 보이지 않는 이면과 연결 고리까지 꿰뚫어 보는 능력이다."

"어떻게 하면 통찰력을 기를 수 있습니까?"

"평소에 많은 지식과 식견을 쌓으며 생각을 다양하고 깊게 해야 한다. 그리고 욕심이나 두려움, 편견을 걷어 내고 마음을 비운 청정심(淸淨心)으로 사물을 살필 수 있어야 한다."

"통찰력이 뛰어난 인물 한 명을 예로 든다면 누가 있겠습니까?"

"음, 범려(范蠡)가 좋겠구나."

범려는 '와신상담(臥薪嘗膽)'으로 유명한 월나라 왕 구천을 도와 오나라를
멸망시켰다. 대장군에 오른 그는 '구천이란 사람은 고생은 함께할 수 있어도
즐거움은 함께 나눌 수 없는 사람'이라고 판단하고 모든 것을 버리고 제나라로
떠난다. 범려는 제나라에서 막대한 재산을 모았다. 제나라에서 재상이
되어 달라는 간청이 들어오자 영달(榮達)은 화의 원인이 된다며 재산을 마을
사람들에게 나눠 주고 도라는 곳으로 옮겨갔다.

범려는 이곳에서도 엄청난 부를 쌓는다. 그러던 즈음에 차남이 초나라에서
사람을 죽여 처형당할 위기에 처했다. 이에 막내에게 큰돈을 쥐어 보내 구출을
하려 했지만 맏이가 극구 본인이 가겠다고 우기고 졸라 어쩔 수 없이 장남을
보냈다. 결과는 실패였다.

범려는 쓴웃음을 지으며 이렇게 말했다. "나는 이렇게 되리라는 것을 이미
예상했다. 맏이가 동생을 아끼지 않는 것은 아니다. 맏이는 나와 온갖 고생을
함께해 왔기 때문에 돈을 쉽게 쓰지 못한 것이다. 하지만 막내는 아무런 어려움
없이 자랐기 때문에 아무렇지 않게 돈을 쓸 수 있지. 그래서 내가 처음부터
막내를 보내려 한 것이다."

범려는 통찰력이 대단했다. 통찰력은 언제 어디서나 기회를 얻게 한다.

포기하지 마라

한 제자가 스승에게 물었다.

"결실을 못 맺는 가장 큰 원인은 무엇입니까?"

"포기하는 것이다."

"포기해야 할 것은 포기해야 하지 않습니까? 안 되는 것을 포기하지 못하고 끝까지 움켜잡고 있는 것은 비용과 손실만 키우는 어리석은 일이 아닙니까?"

"그렇다. 잘못 선택한 일은 포기하는 것이 옳다. 다만 올바로 선택했는데도 난관에 부딪쳤다고 지레 겁먹고 믿음을 버리고 포기해서는 안 된다는 것이다."

"잘못된 선택인지 올바른 선택인지 어떻게 알 수 있습니까?"

"너의 내면에 답이 있다."

처칠은 옥스퍼드 대학 졸업식에서 결코, 결코 포기하지 말라고 했다. 헨리 포드는 사업 실패로 다섯 번이나 파산을 했지만 포기하지 않았다. 그리고 세계적인 자동차 회사 '포드'를 창설하였고 자동차 왕으로 불리며 갑부가 되었다. 링컨은 사업에 실패하고, 많은 선거에서 패배하고, 실연당하고 신경쇠약에 걸렸다. 하지만 포기하지 않았다. 그리고 위대한 대통령이 되었다. 마이클 조던은 고등학교 농구부에서 쫓겨났다. 하지만 포기하지 않았다. 그리고 세계 최고의 농구 스타가 되었다. 헬렌 켈러는 들을 수도 볼 수도 없었지만 포기하지 않았다. 그리고 래드클리프 대학을 우등으로 졸업하고 유명한 작가가 되었다.

그들이 포기했다면 우리 중 아무도 그들을 기억하지 못할 것이다. 애런 케이지를 아는가? 아무도 모를 것이다. 그는 포기했기 때문이다.

마음, 전략, 실천

　스승이 많은 청중을 대상으로 강연할 예정이었는데, 갑자기 폭우가 쏟아졌다. 강연을 하기가 어려울 것 같아 자리한 사람들이 아쉬워하던 차에 한 사람이 크게 외쳤다.

　"잠깐이라도 풍요로운 부자가 되는 비결을 말씀해 주십시오."

　이에 스승이 단상에 올라 짤막하게 말했다.

　"부자가 되려면 마음, 전략, 실천이 중요합니다. 마음은 늘 넉넉히 풍요로움으로 가득 채우십시오. 전략을 세울 때는 여러 가지 정보를 취합하고 분석하되 결정은 내면에서 들려오는 신의 음성을 따르십시오. 그리고 흔들리지 않는 굳은 의지로 실천하십시오."

✿

머리와 가슴, 행동이 조금의 어긋남도 없이 하나가 된다면 그것이 바로 위대한 경지다.

자수성가

가난한 집에서 태어나 어렵게 자란 어린 제자가 스승에게 조심스럽게 물었다.

"저는 아무것도 가진 것이 없습니다. 그래도 부자가 될 수 있을까요?"

"될 수 있고말고. 이 땅도 처음 생겨났을 때는 불과 물밖에 없었다. 하지만 어느 틈엔가 풀이 솟아나고 나무가 자라나 끝도 안 보이는 풍성한 숲을 이루고, 물고기와 새 들이 생겨나 강과 바다와 창공에 헤아릴 수 없이 가득하고, 동물과 인간 들이 태어나 온 세상을 누비고 다니지 않느냐. 마찬가지로 아무것도 없이 맨손으로 시작해서 큰 사업과 부를 이룬 자수성가한 이들이 부자의 대부분을 차지한단다."

한 알의 씨앗처럼 '시작은 미약하지만 결과는 창대하리라'는 것이 자연의 이치다. 씨앗 하나는 한 사람의 먹을거리도 되지 못하지만 나중엔 수백 수천 명을 먹여 살릴 수 있다.

소양

   매사에 의심이 많고 부정적인 말을 자주 늘어놓는 제자 노명(露明)
이 스승에게 물었다.

"부자가 될 수 있는 이는 어떤 사람인가요?"

"부자가 될 것이란 믿음을 가진 자다."

"어찌 그러합니까?"

"믿음은 실상(實狀)의 씨앗이며 씨앗은 풍요의 근원이다. 씨앗은 아
무리 작아도 그 속에 모든 것을 품고 있다. 지금은 비록 돈 한 푼 없더
라도 앞으로 자신이 반드시 부자가 될 것이라고 믿는 사람은 부자가
될 것이다."

"지금 내 눈앞에 황금이 나타날 것이라 믿는다고 해서 황금이 생길
리 없지 않습니까?"

"믿음을 실상의 씨앗이라고 했다. 씨앗이 거목이 되기까지는 시간
이 걸리지 않더냐? 조급한 마음으로 믿음을 버리거나 포기하지 말고
심고 가꾸는 노력을 게을리하지 말아야 한다."

조급한 마음은 조바심을 불러일으키고 신념을 퇴색시키며 일을 그르치게
하고 오래 못 가 포기하게 만든다. 믿는 바가 반드시 이루어지되 지금 당장
이루어지는 것은 아니라는 것을 알고 느긋한 자세로 신념의 발걸음을 한 걸음씩
내디뎌 나가야 한다.

끈기와 우직함

벌써 여러 번 실패했으나 또 다시 도전하기 위해 길을 나서는 제자가 스승에게 인사를 하러 왔다. 동료 제자들은 그가 벌써 일곱 번이나 실패했다며 수군거렸다.

스승이 제자들을 향해 힘주어 외쳤다.

"넘어진 횟수를 세지 마라. 다시 일어선 것이 중요하다. 포기하지 않고 될 때까지 시도하는 끈기 있는 사람을 당해 낼 이는 세상에 드물다. 때로는 무모함이 똑똑함을 이기며 우직함이 약삭빠름에 승리한다."

❁

윈스턴 처칠은 "성공이란 넘어진 횟수보다 한 번 더 일어나는 것"이라고 했다. 포기하지 않는 한 아직 실패한 것은 아니다. '계속'은 힘이다. 미국 애리조나 사막지대의 호피 인디언들은 가뭄이 극심해지면 기우제를 지내는데 그들이 기우제를 지내면 반드시 비가 온다고 한다. 그 비결은 무엇일까? 비가 올 때까지 기우제를 지내기 때문이다.

세 가지 실패

우유부단해서 매사 망설이기만 하는 제자 계원(桂苑)에게 스승이 물었다.

"너는 왜 기회가 와도 좀처럼 시도하지 않고 머뭇거리기만 하느냐?"

"동기들이 실패하는 모습에 제가 겁을 좀 먹은 것 같습니다."

그러자 스승이 말했다.

"보통의 실패는 일을 추진하다가 뜻대로 되지 않은 경우다. 안타까운 실패는 조금만 더하면 성공할 수 있었는데 그만둔 경우다. 나쁜 실패는 크게 성공할 수 있었는데 시도조차 하지 않은 경우다."

***

사람들이 하는 후회는 두 가지가 있다. '안 했더라면' 하는 후회와 '했더라면' 하는 후회다. 인생을 정리하는 시점에 선 사람들은 대체로 '했던 것'에 대한 후회보다 '하지 않았던 것'에 대한 후회를 더 많이 한다. 지금 당장 행동하라!

내가 뭔가를 할 때
행운의 신이 함께한다

스승이 많은 제자가 모여 있는 가운데 물었다.

"물건을 사러 갔는데 사려고 한 물건이 없어 실망하려던 차에 뜻밖에 더 좋은 물건을 만나 싸게 구입한 행운을 경험한 적이 있느냐?"

몇 명의 제자가 "있습니다" 하고 대답했다.

"어떤 목적을 가지고 사람을 만났는데 그 사람으로부터 기대한 것을 얻지 못했으나 뜻밖의 좋은 정보를 얻거나 제안을 받은 적이 있느냐?"

이번에도 몇 명의 제자가 "있습니다" 하고 대답했다.

"크게 성공한 사람들로부터 계획했던 사업이 뜻밖의 변수를 만나 실패했는데 그것이 오히려 더 나은 사업으로 연결되어 지금의 큰 부를 이뤄 냈다는 체험담을 들어 본 적이 있는가?"

마찬가지로 몇 명의 제자가 "있습니다"라고 대답했다.

스승이 제자들을 둘러보며 다시 물었다.

"공통점이 무엇이냐?"

"행운이 따랐다는 것입니다."

"그렇다. 하지만 단순히 행운이라고만 생각하면 안 된다. 우리가 중요하게 여겨야 할 것은 그러한 행운이 가만히 앉아 있다가 얻게 된 것이 아니라는 것이다. 모두가 뭔가를 위해 노력하던 중에 얻게 된 것이라는 사실을 알아야 한다. 내가 놀면 행운의 신도 논다. 내가 움직여야 행운의 신도 함께 움직인다."

어떤 목적으로 뭔가를 하다가 바라던 결과를 얻지 못했지만 생각지도 않은 뜻밖의 수확을 얻게 되는 경우가 있다. 이와 같은 현상을 '세렌디피티 현상'이라고 부른다. 배양 실험 도중에 실수로 푸른곰팡이가 들어가 우연하게 탄생한 플레밍의 페니실린. 전립선 비대증 치료약으로 개발되었다가 탈모에 효과있는 것으로 밝혀진 프로페시아. 협심증 치료제로 개발되었다가 발기부전 치료제로 성공한 비아그라. 접착제로 개발되었다가 실패한 끝에 히트 상품으로 탄생한 3M의 포스트 잇. 콜럼버스가 인도를 찾아 나섰다가 아메리카 대륙을 발견한 것도 마찬가지다.

이와 같이 놀라운 발견과 발명 중에는 '세렌디피티 현상'과 관련된 것이 많다. '세렌디피티 현상'은 실수나 우연으로 얻게 된 행운의 결과물이다. 우리의 삶에서 '우연'이 차지하는 비중은 적지 않다. 행운도 마찬가지다. 하지만 '세렌디피티 현상'으로 우리는 '최선을 다하면 우리가 기대했던 결과가 나오지 않는 경우도 있지만 결국은 뜻밖의 행운으로라도 보답받는다'라는 희망을 가지게 된다. 그리고 '행운은 결국 우리의 노력에 대한 보답이다'라는 교훈을 얻게 된다. 혹시나 지금 노력은 하지 않으면서 행운만 기다리고 있지 않은가? 행운을 기다리는 사람이 아니라 열심히 노력해 행운을 끌어오는 사람이 되자.

핑계

스승이 일없이 놀고 있는 제자를 불러 물었다.
"왜 빈둥거리고 있느냐?"
"돈이 없어서 사업을 시작하지 못하고 있습니다."
"무슨 사업을 할 생각이냐?"
"돈이 생기면 생각해 봐야지요."

"당신에게 100억 원을 준다면 무슨 사업을 하시겠습니까?"라고 묻는다면
구체적인 대답을 할 수 있는가? 돈이 없어서 사업을 못 한다는 것은 핑계에
지나지 않는다. 좋은 아이디어와 확신, 구체적인 계획이 있으면 어떻게든 돈이
생기게 마련이다. 투자 유치란 말이 괜히 있는 것이 아니다. 투자 자본은 훌륭한
아이템을 찾기 위해 혈안이 되어 있다.

무아와 몰입

스승이 제자들을 둘러보며 물었다.

"최고의 기량을 발휘하는 비법을 알고 있느냐?"

제자 중 한 명이 답했다.

"열심히 준비하고 연습하는 것입니다."

"그래, 좋은 답이다. 하지만 그것만으론 부족하다."

"그럼 무엇이 더 필요합니까?"

"자기 자신을 잊을 정도로 몰입해야 한다."

우리가 최고의 기량을 발휘하게 되는 경우는 나를 의식할 때가 아니라 나를 잊을 정도로 하는 일에 몰입할 때다. 나를 초월할 때 나의 한계마저 뛰어넘을 수 있다. 몰입은 일을 더 잘하게 만들기도 하지만 일하는 순간을 행복으로 이끈다.

풍요의 다리

매일 방 안에 틀어박혀 사업 계획만 짜던 제자가 답답한 마음에 스승을 알현했다.

"열심히 준비하고 있는데 도무지 나아갈 방도가 보이지 않아 답답하기만 합니다."

"풍요의 다리를 건너라. 그러면 풍요로운 세상을 만나리라."

"풍요의 다리가 어디 있습니까? 어디에도 보이지 않습니다."

"풍요의 다리는 발걸음을 내디딜 때 나타난다. 첫걸음을 내딛기 전까지는 풍요의 다리를 볼 수 없다."

이에 제자는 잠시 골똘히 생각하더니 갑자기 밝은 표정이 되어 스승에게 큰절을 올리며 말했다.

"아, 그동안 제가 어리석게도 행동과 실천이 길을 만든다는 것을 몰랐습니다."

모든 것이 완벽하게 준비되고 갖춰진 상황에서 사업을 시작해 큰 성취를 이뤄낸 사람은 없다. 완벽한 준비가 된 때는 영원히 오지 않을지도 모른다. 완벽하게 좋은 상황도 마찬가지다. 우유부단한 마음으로 추이를 지켜보는 사람으로 끝날 것인가, 아니면 과감하게 발걸음을 내디딜 것인가. 성공한 많은 이가 불가능해 보이고 도저히 방법이 없을 것 같았는데 막상 시도하고 보니 여기저기서 도움의 손길이 나타나고 의외로 일이 잘 풀려 나가더라는 신비한 체험을 말한다.

행동이 길을 만든다. 시작하지 않으면 행운의 여신조차 도울 길이 없다.

시도

한 제자가 스승에게 물었다.

"부자가 되는 완벽한 정답이 있을까요?"

"부자가 되는 완벽한 정답은 없다. 하지만 분명한 것은 아무것도 시도하지 않고 부자가 된 경우는 없다는 것이다."

"아무리 작은 일이라도 하지 않으면 그 무엇도 이루어지지 않는다"고 장자는 말했다. 예수님도 그냥 열린다고 하지 않았다. 두드려야 열린다고 했다. 뭔가 시도하는 사람에게 행운이 오는 법이지 아무것도 하지 않는 사람에게 행운의 여신이 문을 두드리며 찾아오지는 않는다. 문은 내가 두드리는 것이다. 로또복권도 일단 사야 당첨의 행운이 오고, 성공의 행운도 일을 벌여야 찾아온다.

자만

어떤 제자가 씨름으로 1등을 해서 황소 한 마리를 얻었다. 다음 날 무거운 수레 끌기 대회에서도 1등을 해 황소를 또 한 마리 얻었다. 며칠 후 황소 두 마리를 걸고 활쏘기 내기를 해서 가진 황소를 몽땅 잃어버렸다. 허탈해하는 제자에게 스승이 말했다.

"너는 큰 교훈을 얻었다. 자만은 모든 것을 잃게 한다."

씨름과 무거운 수레 끌기는 힘으로 하는 것으로 비슷한 경기다. 하지만 활쏘기는 다르다. 사업을 몇 번 성공시킨 이가 자만심에 가득 차 전혀 엉뚱한 분야에 진출했다가 모든 것을 잃어버리는 경우가 있다. 자만을 경계해야 한다. 모든 게임에서 승리하는 사람은 없다. 자만심을 버리고 자신에게 익숙하고 유리한 게임인지 냉철하게 따져 보아야 한다.

흔들림

큰 사업을 하다 난관에 처한 제자에게 스승이 격려차 들렀다.

스승은 제자와 산행을 하기로 했다.

한참 동안 산길을 묵묵히 걸어가다가 스승이 물었다.

"어떠하냐?"

"여러 가지로 인해 많이 흔들리고 있습니다."

"그래, 괜찮다. 저기를 보아라. 죽은 나무는 비바람에 흔들리지 않는다. 흔들림은 살아 있음의 증거이며 고난에 대처하는 과정이니라. 다만 뿌리만큼은 튼튼히 해라."

❧

세상에는 흐린 날씨도 필요하다. 비바람과 폭풍우가 몰아칠 때도 있어야 한다. 따뜻한 날씨만 계속된다면 온 누리가 사막이 되어 버릴 것이다. 살다 보면 어려움은 누구나 겪게 마련이다. 너무 호들갑 떨지 말고 마음가짐을 튼튼히 하고 초연하고 당당한 자세로 헤쳐 나가야 한다.

제4장

풍요에 다다르다

豐饒經

항심

유가에서 공부를 했던 제자에게 스승이 물었다.

"네가 그곳에서 배운 것 중 하나를 말해 보거라."

"제(齊)나라 선왕(宣王)이 나라를 다스리는 문제에 대하여 묻자 맹자(孟子)는 백성들은 항산(恒産)이 없으면 항심(恒心)이 없게 되며 항산이 없어도 항심이 있을 수 있는 사람은 오직 선비뿐이라고 대답을 했다고 합니다."

"그 의미가 무엇이냐?"

"대부분의 인간에게 도덕적 삶이나 정신적인 안정은 먹고사는 물질적 기반이 있고 나서야 가능하다는 것입니다."

스승이 말했다.

"그렇다. 더불어 풍요의 항심이 풍요로운 항산을 만든다는 것을 유념하여라."

"그것은 무슨 의미인지요?"

"항상 풍요로운 생각과 마음을 지닌다면 반드시 풍요로운 물질이 따를 것이니라."

같은 파동은 서로 공명하는 것이 우주의 이치다. 유유상종이란 말처럼 풍요로운 마음은 풍요를 끌어당긴다. 변함없는 신념과 긍정적인 마음을 가지고 있다면 반드시 그렇게 이루어지리라.

부귀재천

어떤 제자가 스승에게 물었다.

"부귀재천(富貴在天)이라고 부귀는 하늘에 달려 있다고 하지 않습니까?"

"그렇다."

"그렇다면 어떤 노력을 해도 소용없는 것 아닙니까?"

"아니다."

"그럼 어찌하란 말씀입니까?"

"하늘의 소리에 귀를 기울이며 하늘의 뜻을 좇아가려고 노력을 해야 한다."

❧

부자가 되려면 근면, 절약도 필요하다. 하지만 부자 중에도 게으른 사람이 있고, 낭비벽이 있는 사람도 있다. 부자가 되는 가장 좋은 길은 부족한 자기 자신에게 기대는 것이 아니라 하늘의 뜻과 순리를 알고 이에 따르는 것이다. 《명심보감(明心寶鑑)》〈천명(天命)〉편에도 "하늘의 순리를 따르는 자는 흥하고 역행하는 자는 망한다(順天者存, 逆天者亡)"라고 했다. 하늘의 소리는 어디를 통해 들을 수 있을까? 바로 자신의 내면이다.

초점

몇 명의 제자가 매일 모여서 어떻게 하면 가난에서 벗어날 수 있을지 논의하고 있었다.

이 모습을 본 스승이 말했다.

"너희들은 왜 가난에 대해서만 말하느냐? 풍요에 대해서 이야기하라."

청개구리를 떠올리지 않으려고 노력해 보라. 무엇이 떠오르는가? 바로 청개구리다. 어둠을 없애려고 할수록 우리의 마음은 더욱 어두워진다. 밝은 빛을 켜라. 어둠이 자연히 사라질 것이다.

가능

스승이 제자들에게 포도주를 한 병씩 나누어 주고 포도주를 물로 바꿔 보라고 했다. 대부분의 제자는 초능력자가 아닌 이상 그것은 불가능한 일이라며 손사래를 쳤다. 오직 제자 혜덕(慧德)이 "제가 해 보겠습니다" 하며 나섰다. 그는 포도주를 바닥에 모두 부어 버리고 병을 물로 채웠다.

이윽고 스승이 말문을 열었다.

"잘했다. 모두들 들어라. 어떻게 하면 가능할지 생각해야 지혜가 열린다. 왜 안 되는지만 생각하면 단순한 것조차 해낼 수 없다."

이때 제자 자평(孜坪)이 나와 말했다.

"스승님, 저도 혜덕과 똑같은 방법을 생각했습니다. 그런데 너무 하찮은 방법 같았습니다."

그러자 스승이 말했다.

"창의적인 생각을 죽이는 것은 바로 자기 자신이다. 알아도 행하지 못하면 아는 것이 무슨 소용 있으랴."

'그것은 안 돼'라는 고정관념을 버려라. 훌륭한 창의력으로 큰 성취를 이뤄
낸 이들은 항상 열린 마음으로 가능성에 초점을 맞춘다. 다른 사람의 성공
비결을 듣고 '그걸 누가 모르나? 나도 하겠다' 하는 사람은 많다. 하지만 정작
실천하는 사람이 드물기에 성공하는 사람은 소수다.

만족

제자 보현(普賢)이 스승에게 걱정스럽게 말했다.

"돈을 많이 벌어야 할 텐데 큰일입니다."

"너는 한쪽만 생각하고 있구나."

"그게 무슨 말씀이십니까?"

"강도나 거지는 어떤 사람들이냐?"

"자신은 아무것도 내주지 않고 받기만 하려는 자들입니다."

"그렇다. 돈을 벌고자 하는 욕심에 앞서 네가 무엇을 내줄지 생각해야 하지 않겠느냐?"

"그렇습니다."

"사람들이 네가 내주는 것에 지불하는 돈 이상의 만족감을 얻는다면 네 사업은 번창할 것이다."

이에 보현은 감사하는 마음으로 허리를 숙이며 예를 표하고 물러났다.

고객은 자신이 낸 돈의 가치보다 더한 만족을 얻을 때 다시 찾게 된다. 《부의 비밀》의 저자 월러스 워틀스도 "당신이 받은 현금 가치보다 당신이 준 사용 가치가 더 클 경우 사람들이 몰리고 사업이 크게 잘될 것이다"라고 말했다.

부자의 마음

제자가 스승에게 물었다.

"부자와 빈자의 마음은 어떻게 다릅니까?"

"부자는 풍요롭기 때문에 베풀고자 한다. 빈자는 궁핍하기 때문에 얻고자 한다."

"그렇다면 많은 재물을 갖고 있으면서도 베풀지 못하는 사람은 어떤 사람입니까?"

"그는 참된 부자라 할 수 없다."

"어쨌거나 재산이 많지 않습니까?"

"아니다. 아무리 재산이 많아도 베풀지 못하는 것은 마음이 궁핍하기 때문이다. 모든 것은 마음에 달려 있는 것. 마음이 궁핍하다는 것은 여전히 빈자에 지나지 않음을 보여 준다. 풍요롭기 때문에 베풀기보다는 베풀기 때문에 풍요롭다는 원리를 깨달아야 한다."

✦✦✦

돈이 많다고 해서 부자가 아니다. 풍요로운 사람이 진정한 부자다. 요한 바오로 2세는 다음과 같이 말했다. "사람이 가난한 것은 소유하고 있지 못해서가 아니라 속박당하고 있기 때문이다. 특히 소유물에 매달릴 때 가난한 것이다. 다른 사람에게 마음을 열 수 없고 자기 자신을 내줄 수 없을 때 가난한 것이다."

경쟁과 창조

시험을 치르면 항상 1등을 놓치지 않는 제자가 과로로 쓰러졌다. 그러나 아무도 문병을 오는 사람이 없었다. 스승이 친히 그를 찾아가 물었다.

"네가 생각하는 부의 비결은 무엇이냐?"

"남보다 뛰어나도록 열심히 공부하고, 남보다 앞서갈 수 있도록 일찍 일어나 부지런히 일하고, 남보다 좋은 기회를 잡기 위해 항상 노력하는 것입니다."

"나름대로 유용한 생각이긴 하다만 네 말을 들으니 너의 마음은 남과의 경쟁의식으로 가득한 것 같구나."

"스승님, 경쟁에서 이기지 않고 어찌 갑부가 되겠습니까?"

"부자가 되는 방법에는 두 가지가 있다. 경쟁을 통해 부자가 되거나 창조를 통해 부자가 되는 것이다. 똑같은 재물을 모았더라도 과정이 즐겁고 마지막에 큰 보람이 따르는 길은 두 번째다. 나는 네가 이왕이면 두 번째 길을 가기 바란다."

"제가 어찌하여야 할까요?"

"다른 사람들과 비교하거나 다투려는 마음을 버리고 너 스스로 기쁨을 느끼며 세상과 사람들에게 큰 도움을 줄 수 있는 무언가를 창조

해 보거라. 그것이 너에게 큰 부(富)와 함께 존경 어린 명예와 진정한
행복을 안겨 줄 것이다."

전쟁은 승전국과 패전국 모두에 상처를 남긴다. 남을 누르고 짓밟아야만 얻을
수 있는 영광이나, 타인에게 상처를 주어야만 가질 수 있는 성취는 가급적
피하자. 누구를 어떻게 쓰러뜨릴지 골몰하지 말고 모두에게 도움이 되는
무언가를 어떻게 창조해 나갈지 연구하자.

풍요의 기도

천신께 기도를 올리고 돌아온 제자들에게 스승이 물었다.

"너희들은 어떤 기도를 올렸느냐?"

제자들은 각기 답했다.

"돈이 많이 벌리기를 바라는 기도를 올렸습니다."

"좋은 집에 살기를 원하는 기도를 올렸습니다."

"행복한 삶을 바라는 기도를 올렸습니다."

"풍요로운 삶을 살게 해 달라는 기도를 올렸습니다."

이에 스승이 고개를 가로저으며 말했다.

"너희들이 무엇인가를 바라고 원한다는 것은 무엇인가가 부족하다는 뜻이다. 따라서 궁핍의 마음에서 비롯된 것이다. 궁핍한 마음은 궁핍한 현실을 만들게 된다고 하지 않았더냐?"

그러자 제자들이 물었다.

"그럼 풍요로운 마음에서 비롯된 기도는 어떤 기도입니까?"

스승이 빙그레 웃으며 답했다.

"감사의 기도이니라. 감사는 충만하다는 것이며, 곧 풍요의 마음이다."

바라기 이전에 모든 것에 감사할 줄 아는 이가 진정 풍요로운 자이며 풍요를 창조한다. 감사하는 마음은 풍요로운 삶의 시작이며 행복한 삶의 바탕이다. 지금 당장 감사의 기도를 올려 보라. 곧바로 좋은 느낌이 올 것이다.

신념과 물질

양자(量子)의 가르침에 관심이 많은 제자가 스승에게 물었다.

"신념으로 물질을 창조해 낼 수 있습니까?"

"그렇다."

"어찌하여 그렇습니까?"

"세상의 모든 것은 결국 하나에서 나온 것이다. 의식이 물질이고 물질이 의식이다."

"그렇다면 저는 신념을 수행하는 데 매진하여 세계 제일의 갑부가 되겠습니다."

"그런데 두 가지 문제가 있다."

"그것이 무엇이옵니까?"

"첫째는 그 경지에 오르기가 너무나 어렵다는 것이고, 둘째는 그 경지에 도달하면 물욕(物慾)이 없어져 버린다는 것이다."

❊❊❊

예수님께서는 다섯 개의 떡과 두 마리의 물고기로 5000명이나 되는 사람들을 배불리 먹이셨다. 가득한 사랑과 베풂의 마음으로 기적을 행하신 것이다.

예수님은 자신을 위한 티끌만큼의 물욕도 가지신 적이 없다.

무위

한때 도가에서 공부를 했던 제자가 스승에게 물었다.

"노자와 장자는 무위(無爲)를 설파했습니다. 스승께서는 어찌 생각하시는지요?"

그러자 스승의 대답.

"잘하던 것도 신경 쓰면 오히려 잘 안 되지 않더냐. 인위(人爲)는 부족하기 짝이 없는 인간으로서 하는 것이며 무위는 내가 비켜선 자리에서 신께서 행하는 것이다."

❧❧❧

에고(ego)에 빠지면 많은 고통이 따른다. 모든 것을 인위적인 조작으로 처리해 나가기란 너무나 어렵다. 자연스러운 흐름과 순리에 자신을 맡길 필요가 있다.

진정한 풍요로운 마음

스승이 말했다.

"진정한 풍요로운 마음을 가지고 있다면 어떤 경우에도 삶을 즐길 수 있다."

그러자 제자 문종(汶宗)이 물었다.

"가난하고 궁핍한데 어떻게 삶을 즐길 수 있습니까?"

"그런 경우에도 즐길 수 있는 사람이야말로 진정 풍요로운 마음을 가진 사람이다."

"누구나 그런 마음을 가질 수 있습니까?"

"물론 누구나 그런 마음을 가질 수 있는 것은 아니다. 그러므로 그럴 수 있는 사람을 위대하다고 하는 것이다."

"그렇다면 그런 사람으로 누구를 꼽을 수 있습니까?"

"공자(孔子)나 그의 제자 안회(顔回)가 바로 그런 사람이다."

"그런데 그들은 왜 물질적으로 풍요롭지 못했을까요?"

"그것은 그들의 선택이었다. 그들은 물질적 풍요보다 마음의 풍요를 추구했다. 물질적으로 아무리 풍요롭더라도 마음의 풍요로움에는 절대 미치지 못한다. 모든 것은 마음에 달려 있기 때문이다."

자공(子貢)은 이재에 밝아 공자(孔子)의 제자 중에서 제일 부자였다. 자공이
물었다.

"가난하더라도 비굴하지 않고 부유하더라도 오만하지 않은 사람은 훌륭한
사람이라 할 수 있겠지요?"

공자가 답했다.

"그렇다고 할 수 있다. 하지만 가난하더라도 인생을 즐기고 부유하더라도 예를
지키는 사람보다는 못하지."

공자는 물질적으로는 가난했지만 인생을 즐겼다. 그는 제자들에게도
"가난하더라도 즐거움을 잃지 마라(貧而樂)"라고 가르쳤다. 공자는 그의
가르침을 잘 실천하는 제자 안회를 칭찬했다.

"현명하구나, 안회여! 거친 밥 한 그릇과 한 표주박의 물로 끼니를 때우며
누추한 곳에서 살면서도, 보통 사람들 같으면 근심을 견디기 어렵거늘 안회는
즐거움을 바꾸지 않으니 너무나 현명하구나(子曰 賢哉 回也 一簞食 一瓢飮 在陋巷
人不堪其憂 回也 不改其樂 賢哉 回也)."

창조와 조화

"자연을 둘러보아도 약육강식의 세계입니다. 인간 세상도 전쟁이 끊이지 않으며 온통 경쟁으로 가득합니다. 자연과 세상이 돌아가는 섭리는 경쟁인가 봅니다."

제자의 말을 묵묵히 듣고 있던 스승은 한숨을 한 번 크게 내쉰 뒤 손가락으로 들판을 가리키며 말했다.

"저기를 보아라. 사자와 양이 풀밭에 나란히 함께 있지 않느냐. 사자는 배가 부르면 다른 동물을 잡아먹지 않는다. 먹이사슬은 꼭 필요한 만큼 부분적인 것이다. 인간만이 끊임없는 탐욕으로 아무리 넘치게 가졌어도 다른 이의 것을 빼앗으려 한다."

"인간은 왜 그렇게 탐욕스러울까요?"

"탐욕은 결핍의 마음에서 나온다. 결핍은 현재의 부족함뿐만 아니라 미래에 대한 두려움과 불안함에서도 나온다. 결핍의 마음을 버리지 않는 한 아무리 가져도 채워지지 않을 것이다."

"그럼 인간은 어떻게 결핍의 마음을 버리고 어떤 마음을 가져야 할까요?"

"우주 전체를 지배하는 섭리는 경쟁이 아니라 조화와 창조이며 경쟁은 부분적이란 것을 깨달아야 한다. 세상이 경쟁의 세계가 되는 것은 섭리를 따르지 않는 우리 인간들 때문이다. 우주는 지금도 무한히 확장되어 가고 있으며 창조되고 있다. 서로 빼앗지 않아도 충분히 쓰고 남을 정도로 세상이 풍요롭다는 것을 알아야 한다. 평화 속에서 각자 자신의 삶을 창조해 나가며 서로 조화롭게 살아야 한다."

"그렇지만 나만 그렇게 생각한다고 되는 게 아니지 않습니까? 다른 이들이 제 것을 빼앗으려 들 수도 있지 않습니까?"

"강도를 당할까 봐 무서워 자신이 먼저 강도가 되어야 하겠느냐. 모두가 하나같이 그런 생각을 가지기에 세상이 지금처럼 각박해진 것이다. 하나의 점에서 우주가 탄생되었듯이 세상을 변화시키기 위한 첫 출발은 나의 마음속 한 점에서 시작된다."

공중의 새를 보라. 심지도 않고 거두지도 않고 창고에 모아들이지도 아니 하되 너희 하늘 아버지께서 기르시나니 너희는 이것들보다 귀하지 아니하냐. (마태복음 6장 26절)

걱정과 기쁨

그늘진 표정으로 걱정을 하고 있는 제자에게 스승이 물었다.

"너는 뭘 그렇게 걱정하고 있느냐?"

"돈이 잘 벌리지 않아 적자가 나고 있습니다."

"너는 모든 것이 마음에 달려 있다고 생각하느냐?"

"그렇게 생각합니다."

"풍요의 마음이 풍요로운 삶을, 결핍의 마음이 결핍된 삶을 만들어
낸다고 생각하느냐?"

"그렇게 생각합니다."

"걱정하는 마음은 풍요의 마음에서 비롯되느냐, 결핍의 마음에서
비롯되느냐?"

"결핍의 마음에서 비롯됩니다."

"그렇다면 너는 왜 걱정을 하고 있느냐?"

"하지만 이렇게 적자가 나는 상황에서 어찌 걱정하지 않을 수 있겠
습니까?"

"걱정은 풍요로운 삶에 도움이 되지 못하고 역행하는 것이다."

"걱정하지 않는다면 모두들 일손을 놓고 빈둥거리지 않겠습니까?"

"우리 인간을 풍요의 방향으로 행동하게 하는 것은 걱정이 아니다."

"그럼 무엇입니까?"

"너는 왜 매일 아침 꽃을 가꾸느냐?"

"꽃을 가꾸는 것이 기쁘고 즐겁기 때문입니다."

"보아라. 걱정 때문이 아니지 않느냐?"

"그럼 제가 어찌해야 할까요?"

"걱정을 크게 구분해 보면 해결할 수 있는 걱정이 있고 해결할 수 없는 걱정이 있다. 해결할 수 있는 걱정은 해결하는 데 노력을 쏟으면 되지 걱정으로 마음을 괴롭힐 필요가 없다. 또한 해결할 수 없는 걱정은 걱정해 보아야 소용없고 어찌할 수도 없는 일인데 걱정할 필요가 무엇이 있겠느냐?"

"듣고 보니 그렇습니다. 하지만 어찌 되었든 해결하기 위해 무언가를 해야 하지 않겠습니까?"

"그렇다. 하지만 무엇을 하든지 결핍의 마음이 아니라 풍요의 마음에서 이루어 나가야 한다."

"제가 풍요의 마음을 가진 상태인지 어찌 알 수 있습니까?"

"기쁨과 감사의 마음으로 가득할 때가 바로 풍요의 상태니라."

주 안에서 항상 기뻐하라. 내가 다시 말하노니 기뻐하라. 너희 관용을 모든 사람에게 알게 하라. 주께서 가까우시니라. 아무것도 염려하지 말고 다만 모든 일에 기도와 간구로 너희가 구할 것을 감사함으로 하나님께 아뢰라. 그리하면 모든 지각에 뛰어난 하나님의 평강이 그리스도 예수 안에서 너희 마음과 생각을 지키시리라. (빌립보서 4장 4~9절)

성공의 과정

계획만 세우다가 지친 우유부단한 제자가 스승에게 물었다.

"위대한 성취를 이룬 사람들은 성공의 과정을 어떻게 미리 알 수 있었을까요?"

"나무도 자신의 어느 부분이 줄기로 갈라지고 가지로 뻗어 나갈지 미리 알지 못한다. 하지만 시간이 흐르면 풍요의 섭리대로 아름드리 큰 나무로 성장한다. 위대한 성취를 이룬 사람들 중에서 구체적 방법이나 효율적인 과정을 미리 안 경우는 거의 없다. 성취에 필요한 모든 수단을 미리 갖고 있었던 경우는 더더욱 없다. 그들은 다만 꼭 이루고 싶다는 강렬한 소망을 가졌고, 분명한 목표를 세웠으며, 반드시 이루어질 것이라는 믿음을 가지고 실천해 나갔을 뿐이다. 그리고 중간에 일이 꼬이거나 잘 풀리지 않아도 포기하지 않고 계속 전진해 나간 것이다. 그 과정에서 뜻하지 않게 좋은 사람을 만나게 되고, 좋은 기회와 접하게 되고, 좋은 길을 알게 된 것이다. 과정을 미리 염려하지 마라. 망설이지 말고 일단 과감하게 시작해 보아라. 풍요의 섭리가 너를 인도하리니."

성공을 이룬 사람들은 대부분 처음에는 부족한 상태에서 시작했다. 그래서 초기에는 많은 어려움을 겪기도 하지만, 일을 해 나가면서 뜻밖의 귀인을 만나고, 생각지 못한 길과 방법을 발견하기도 하고, 다양한 행운과 마주하기도 한다. 기다리기만 하면 아무것도 못한다. 세상은 늘 움직이고 변한다. 망설이는 동안 당신이 준비한 것은 어느새 구닥다리가 된다. 사업은 포격이 아니라 미사일 같아야 한다. 일단 발사한 다음에 조준을 수정해 가며 목표물을 따라잡아 가야 한다.

제 5 장

지혜로운 사람이
큰 부를 이룬다

豐饒經

목검과 진검

여러 가지 잡다한 재능을 가지고 있으나 어떤 곳에서도 인정받지 못해 좌절을 거듭하고 있는 제자가 있었다. 어느 날 그 제자가 고민을 상담해 오자 스승이 먼저 질문을 했다.

"목검 열 자루와 진검 한 자루 중 어떤 것이 더 위력이 있겠느냐?"

"그야 당연히 진검 아닙니까?"

"열 가지 재주가 있더라도 진검 같은 한 가지 재주에 미치지 못하는 법이다."

"그럼 제가 어찌해야 하겠습니까?"

그러자 스승이 송곳 하나를 들어 보이며 말을 이어 나갔다.

"이 송곳을 보아라. 이렇게 작은 송곳이 큰 힘을 발휘하는 비결은 뾰족한 끝에 있지 않느냐. 한 가지라도 너만의 탁월한 재능을 갖추는 데 집중해라. 그렇게 하면 낭중지추(囊中之錐)의 인정을 받게 될 것이다."

이것 조금, 저것 조금 수박 겉핥기식으로 쌓은 재능은 실생활에서 하나도 제대로 쓰일 수 없다. 특히 요즘은 '1등만이 살아남는 세상'이라고 하지 않는가. 누구도 흉내 내기 어려운 자신만의 특기를 계발하자. 자신이 가지고 있는 것들 중에서 진검이 될 만한 것을 찾아 노력을 집중해야 한다.

*   낭중지추(囊中之錐): 뾰족한 송곳은 주머니 속에 넣어 감추려고 해도 끝이 저절로 주머니를 뚫고 나오듯이 탁월한 재능을 가진 사람은 본인의 재능을 애써 드러내고자 하지 않아도 언젠가는 결국 사람들이 알게 된다는 뜻.

책과 경험

도가에 몸을 담았던 제자가 있었다. 그는 수년째 방에만 틀어박혀 꼼짝 않고 책만 들여다보고 있었다. 스승이 어느 날 그를 찾았다.

"너는 어찌 허구한 날 공부만 하고 있느냐?"

"열심히 자신을 갈고닦아야 되지 않습니까?"

"칼을 계속 갈면 닳아 부러진다고 노자(老子)도 말하지 않았더냐. 한쪽에만 너무 치우쳐서는 안 된다. 칼을 갈지만 말고 찌르고 베고 휘두르는 실전 경험을 함께 쌓아야 한다."

※

과유불급(過猶不及)이라 했다. 무엇이든 지나치면 모자람만 못하다. 자신을 갈고닦는 것은 무언가를 이루기 위해서다. 갈고닦는 데만 빠져 있다면 어느 세월에 이룰 것인가. 세상 살아가는 모든 것이 자신을 갈고닦는 공부이며 경험은 훌륭한 스승이다.

부자가 될 사람

스스로를 초라하게 여기며 매사를 부정적으로만 생각하는 제자가 스승에게 물었다.

"부자가 될 사람은 어떤 사람입니까?"

"두 가지를 갖춘 이다. 첫째는 자신이 부자가 될 것이라고 굳게 믿으며, 둘째는 어려운 상황에서도 그것을 믿는 사람이다."

예수님께서도 믿는 대로 되리라고 하셨다. 현상은 믿음의 반영이다. 그러나 어려움이 닥치면 부정적인 생각이 들며 믿음이 흔들리기 쉽다. 그럴 때조차도 흔들리지 않는 믿음을 가지는 사람이 성공한다.

식견

개울가에서 혼자 알몸으로 목욕을 하고 있는 사내를 바라보며 스승이 제자들에게 물었다.

"저 사내가 학자일까 농부일까 맞혀 보거라."

그러자 제자 보현(普賢)이 앞으로 나와 답을 했다.

"저 사람은 보다시피 체격은 왜소하지만 단아해 보이고 눈에서는 광채가 납니다. 분명 학자일 것입니다."

스승은 다른 제자들을 둘러보며 다시 물었다.

"너희들은 어떻게 생각하느냐?"

그러자 모두들 이구동성으로 보현의 생각처럼 학자가 맞을 것이라고 답했다.

스승은 농부일 것이라고 말하며 제자 한 명을 시켜 알아보고 오게 했다. 결과는 농부였다. 제자들은 스승이 어떻게 맞힐 수 있었는지 궁금해했다.

이윽고 스승의 대답.

"우리 고을 사람들을 백 명이라 놓고 보면 아흔아홉은 농부이고 학자는 고작 한 명이 될까 말까 한다. 그러니 저 사람이 학자일 확률이 얼마나 되겠느냐? 보이는 한 가지에 휘둘리지 말고 전체를 아울러 파악하는 식견을 가져야 한다."

백 명 중에서 아흔아홉 명이 실패해 나가는 사업인데, 자신은 성공할 것이라는
막연한 생각으로 어리석게 뛰어들면 안 된다. 막연한 심리에 현혹되지 말고 늘
통찰력을 갖고 합리적인 판단을 하라.

중요한 앎

똑똑하지만 여전히 가난한 제자에게 스승이 물었다.

"너의 좌우명은 무엇이냐?"

"아는 것이 힘이란 것입니다. 그래서 열심히 공부하고 있습니다."

"좋다. 하지만 아는 것만으로는 아무런 변화도 일으키지 못한다는 것을 알아야 한다."

이에 깨달음을 얻은 제자는 물러나며 이렇게 고했다.

"그동안 가장 중요한 것을 제가 알지 못했습니다, 스승님."

아는 것은 실제 적용되고 발휘될 때 비로소 힘이 된다. 부뚜막의 소금도 집어넣어야 짜다. 변화는 실천에서 비롯된다.

착각

스승이 제자들에게 물었다.

"여기서는 쟁기를 30냥에 파는데 저 다리 건너 마을에서는 20냥에 판다면 다리 건너 마을로 사러 가겠느냐?"

그러자 제자들은 모두 그럴 것이라고 대답했다.

"여기서는 수레를 1만 9920냥에 파는데 저 다리 건너 마을에서는 1만 9900냥에 판다면 어찌하겠느냐?"

그러자 제자들은 별 차이가 나지 않으므로 여기에서 살 것이라고 대답했다.

"조금 전에는 10냥에 수고를 마다하지 않더니, 그 두 배인 20냥에는 어찌 꿈쩍을 하지 않느냐. 마음의 착각에 현혹되어서는 안 되느니라."

※※※

돈은 돈이다. 같은 금액의 돈은 당연히 같은 가치를 가진다. 상황에 따라 돈에 대한 착각을 일으키는 것은 돈이 아닌 우리 인간의 마음이다.

오만

기세등등하게 성공하다 결국 파산한 제자가 스승을 찾아왔다.

"스승님, 저는 손대는 것마다 성공시켰는데, 운 나쁘게도 마지막에 모든 것을 잃어버렸습니다."

스승은 그를 일으켜 세우며 말했다.

"누구나 실수를 하고 실패를 하는 법이다. 그것에서 교훈을 얻어 새롭게 시작하도록 하여라."

그러자 제자는 억울한 듯이 말을 내뱉었다.

"마지막에 운이 나빴다는 것 말고 제게 무슨 문제가 있습니까?"

"너는 너의 실력이 어떻다고 생각하느냐?"

"매우 훌륭하다고 생각합니다. 마지막 빼고는 모두 성공했다고 말씀드리지 않았습니까?"

"오, 가엾은 제자야. 네가 성공해 나갈 때는 경기가 좋아서 너 나 할 것 없이 성공할 수 있었다. 모두들 운 좋게 좋은 흐름을 탄 것이다. 운과 실력을 혼동하고 자기 실력을 과신하며 오만한 마음으로 일을 저지르는 것이 바로 실패의 지름길이니라."

사는 부동산마다 오른다. 몇 건 성공하다 보니 자신이 부동산 투자의 귀재가
아닌가 하는 생각이 든다. 그래서 모든 것을 걸고 큰 건에 뛰어든다. 그리고 곧
파산한다. 상승기에는 누구나 성공할 수 있다. 상승 대세에 운 좋게 편승한 것과
실력은 다르다. 많은 이가 운을 실력으로 오인해서 돌이킬 수 없는 큰 손실을
맛본다. 과신과 오만은 실패의 지름길이다.

경험과 감정

똑똑한 제자 명혜(明慧)가 스승에게 물었다.

"경험이야말로 최고의 스승이 아닐는지요."

그러자 스승은 다음과 같이 말했다.

"좋은 말이다. 하지만 유념해야 할 것이 있다. 경험한 것은 기억을 통해 다시 생각으로 나오는데, 기억에는 언제나 감정의 찌꺼기가 묻어 있게 마련이다. 그 감정을 씻어 낼 수 있을 때 지혜로 빛날 것이다."

❧❧❧

기억은 사실의 기록이 아니라 사실에 근거한 감정적 인식이다. 마음이 투명해야 참다운 혜안을 가지게 된다.

성공의 어머니

제자들이 둘러앉아 돌아가며 실패담을 늘어놓고 있었다.

스승이 이를 보고 제자들에게 물었다.

"무엇이 성공을 낳는다고 생각하느냐?"

모두들 한 목소리로 답했다.

"실패라고 생각합니다. 실패는 성공의 어머니라 하지 않습니까?"

그러자 스승은 다음과 같이 답했다.

"사자가 사자를 낳고 토끼가 토끼를 낳듯이 성공이 성공을 낳는 법이다. 실패를 통해 배우는 것도 좋지만 성공을 통해 배우는 것이 더효과적이다. 다른 사람의 실패 사례를 통해서는 가지 말아야 할 하나의 길을 알게 되지만, 다른 사람의 성공 사례를 통해서는 수없이 많은길 중에서 우리가 가야 할 길을 안내받는다. 또한 자신의 성공 경험은진정한 자신감의 바탕이 된다."

성공하는 좋은 방법 중 하나는 성공한 사람을 본받아 성공을 이루고, 자신의성공을 발판으로 다음에 더 큰 성공을 이뤄 나가는 것이다.

최고의 기회

　기회를 놓치지 말라는 가르침을 듣고 감명받은 제자가 앞으로 나와 다짐을 했다.

　"그동안 저는 너무나 게을렀습니다. 내일부터는 기회를 놓치지 않고 열심히 일하겠습니다."

　그러자 스승이 나서서 말했다.

　"내일은 최고의 기회가 아니다."

　"그렇다면 최고의 기회는 언제입니까?"

　"바로 지금이다."

실패하는 사람은 '내일부터'라는 말을 늘 입에 달고 산다. 오늘 당장이 편하기 때문이다. 성공하는 사람은 '지금부터'라는 말을 늘 입에 달고 산다. 지금 하지 않고 내일로 미루는 사람은 내일이 돼도 여전히 미루기만 한다. 왜냐하면 내일은 다시 또 다른 '지금'이 되기 때문이다.

땀과 지혜

어느 날 스승이 생각하기보다는 몸을 바삐 움직이는 한 제자에게
물었다.

"네가 생각하는 부자가 되는 비결은 무엇이냐?"

"네, 열심히 땀 흘려 일하는 것입니다."

"땀으로 버는 일은 힘은 많이 들어도 버는 것은 미약하다. 지혜로
버는 일은 힘도 덜 들고 크게 번다."

계산원은 시간당 고작 몇천 원밖에 벌지 못한다. 왜냐하면 아무나 대신할
수 있는 일이기 때문이다. 자신이 하고 있는 일이 다른 누군가도 쉽게 할 수
있는 '땀방울 시스템'이면 큰돈을 벌지 못한다. 자신이 하고 있는 일이 다른
누군가가 쉽게 할 수 없는 '노하우 시스템'이라야 큰돈을 벌 수 있다.
또한 일을 계속해 나가면서 돈은 모을 수 있더라도 노하우를 쌓을 수 없는
일이면 '땀방울 시스템'이다. 일을 계속해 봐야 발전 가능성은 희박하다. 일을
계속해 나가면서 돈도 모으고 노하우도 쌓는 일은 '노하우 시스템'이다. 일을
계속할수록 자신의 가치는 높아지고 발전해 나간다. 당신이 지금 하고 있는
일은 '땀방울 시스템'인가 '노하우 시스템'인가?

스스로 깨쳐라

이상한 가르침을 펼치는 사람이 있다고 해서 스승과 제자들이 함께 방문해서 지켜보았다. 그 사람은 강당에 모인 이들에게 문제 하나를 낸 다음 큰 목소리로 외쳤다.

"이 문제의 답을 알고 있는 사람은 손들어 보라."

아무도 없었다.

"내가 얘기해 줘도 옳은지 그른지 모르겠구나. 공부해서 내일 다시 오거라."

다음 날.

"이 문제의 답을 알고 있는 사람은 손들어 보라."

다 손을 들었다.

"모두 알고 있으니 내가 굳이 설명할 필요가 없겠군. 돌아가 보거라."

돌아오는 길에 제자들이 수군거리자 스승이 말했다.

"훌륭한 가르침이었다."

그러자 제자들이 의아한 표정으로 물었다.

"아무것도 가르치지 않았지 않습니까?"

"아니다. 스스로 깨쳐야 한다는 것을 깨우쳐 주고 있지 않느냐? 모든 답은 각자의 마음속에 이미 존재한다. 스승은 바로 그것을 발견할 수 있도록 안내자 역할을 하는 사람이니라."

아무리 훌륭한 스승이라도 상을 차려 줄 수는 있지만 나 대신 먹고 소화까지 해 줄 수는 없다. 스스로 깨쳐야 한다.

보기

번화가를 걸어가며 스승이 제자들에게 여러 가지 설명을 해 주었다.

스승의 가르침에 놀라움을 금치 못하며 제자가 물었다.

"저나 스승님이나 눈이 두 개뿐인 것은 똑같지 않습니까?"

"그렇지."

"그런데 스승님은 같은 상황에서 여러 가지를 보시는데 저는 왜 보지 못하는 것일까요?"

스승이 웃으며 대답했다.

"눈이 있다고 다 보이는 것이 아니다. 아는 만큼 보이는 것이다."

제자가 고개를 끄덕였다.

그 순간 옆에서 외국인들이 자기네들끼리 대화를 나누며 지나갔다.

스승이 제자에게 물었다.

"저들이 방금 무슨 말을 했는지 알아들었느냐?"

"저는 저들 나라 말을 모릅니다."

"그렇다. 듣는 것도 마찬가지니라. 아는 만큼 들리는 것이다."

며칠 후 이 제자가 스승을 찾아왔다.

"스승님, 저는 사업거리를 찾아보고 있는데 아는 만큼 보인다는 가르침에 따라 많은 정보를 파악하여 많이 알게 되었지만 여전히 마땅

한 묘책이 보이지 않습니다."

그러자 스승은 미소 지으며 대답해 주었다.

"그렇다면 다르게 보거라. 다르게 보면 쓰레기도 돈이 된다."

아는 만큼 보인다. 다르게 보는 만큼 기발해진다.

직접 경험

　유명한 갑부를 가까이에서 수행하는 사람이 있었는데 자만심이 대단했다.

　스승이 물었다.

　"너는 그에게 무엇을 배웠느냐?"

　"웬만한 것은 어깨너머로 다 배웠습니다."

　스승은 외국에서 들여온 열매 하나를 들어 보이며 말했다.

　"이 열매를 본 적이 있느냐?"

　"아닙니다. 처음 보는 것입니다."

　"이 열매는 신 듯하기도 하고 짠 듯하기도 한 기묘한 맛이 난다. 이 맛을 알겠느냐?"

　"알 것 같으나 직접 맛을 보지 않아서 정확히는 잘 모르겠습니다."

　"그렇다. 너는 열매를 옆에서 보기도 했고 설명도 들었지만 맛을 짐작만 할 뿐이지 않느냐. 알겠느냐? 직접 경험해 보지 않은 것은 반쪽 지혜임을 유념하여라."

김치 맛에 대해 아무리 자세한 설명을 들었어도 직접 한번 먹어 보는 것에는 도저히 미치지 못한다. 자동차 조수석에 앉아 운전하는 모습을 수없이 보았다고 해서 운전을 할 수는 없다. 직접 핸들을 잡고 몰아 봐야 한다. 지식은 배워 익힐 수 있다. 하지만 지혜는 배우는 것이 아니라 체험을 통해 깨치는 것이다. 지혜는 인생의 참맛을 아는 것이며 삶의 운전법이다.

현명함

　머리가 좋고 재능이 뛰어난 한 제자가 있었다. 그는 동료의 일은 현명하게 잘 봐주면서 정작 자신의 일에선 엉뚱한 실패를 거듭했다. 어느 날 그가 스승을 뵙고 조언을 구했다.

　"어찌된 영문인지 모르겠습니다. 제가 좀 더 현명해질 수 있도록 가르침을 부탁드립니다."

　"우리는 자신의 일을 할 때보다 다른 사람의 일을 할 때 더욱 현명해지는 경향이 있다. 그 이유는 타인의 일을 할 때는 나의 일을 할 때보다 감정의 영향을 덜 받고 비교적 초연한 마음으로 앞뒤 정황을 잘 살펴보기 때문이다. 중요한 판단의 기로에 서 있을 때 현명한 결정을 내리기 위해서는 다른 사람에게 조언을 해 주듯이 임하라. 그러면 부담에 짓눌리지 않고 감정에 동요되지 않으면서 평정심을 갖고 문제를 지혜롭게 풀어 나갈 수 있을 것이다."

맑은 물도 물결이 일면 투명하지 않다. 맑은 물이 총명함이라면 물결은 감정의 동요다. 총명한 사람도 감정이 동요되면 판단력이 흐려진다. 수백억의 고객 돈을 굴려 막대한 실적을 올린 펀드 매니저도 자신의 개인 투자 성적은 엉망일 수 있다. 실패할 경우에 대한 두려움으로 판단력이 흐려지기 때문이다.

초연함은 현명함의 바탕이다.

알고 있다는 것

어떤 질문에도 막힘없이 대답하는 똑똑한 제자 명혜(明慧)에게 스승이 물었다.

"너의 발전을 가로막는 가장 큰 걸림돌이 무엇이냐?"

"저는 지식을 풍성히 쌓기 위해 노력해 왔습니다. 하지만 지식은 끝이 없어 아직도 많이 부족한 것 같습니다."

"지식에 대한 너의 열정은 정말 훌륭하다. 그러나 '알고 있다'는 생각이 사람을 정체시키는 가장 큰 걸림돌이 될 수도 있다."

"이해되지 않습니다. 일단 아는 것이 많아야 지혜롭다고 할 수 있지 않습니까?"

"너의 앎을 성찰해 보거라. 자신이 정말로 제대로 알고 있는지 파악하는 방법은 간단하다. 과연 자신이 아는 대로 실천하고 있는지를 살펴보는 것이다. 그렇지 못하다면 아직 제대로 알지 못한 것이니 오히려 모르는 것보다 못하다. 왜냐하면 충고해도 귀담아 듣지 않고 '나도 알고 있어요'라는 대답만 반복할 것이기 때문이다."

자녀들에게 조언이나 잔소리를 하면 흔히 들려오는 말이 무엇인가. "저도 알아요"라는 답이다. 참된 앎은 입이 아닌 행동으로 나타난다.

연구

담론 중에 한 제자가 돈을 들어 보이며 스승을 향해 말했다.

"돈을 벌려면 돈에 대해 잘 알아야 할 것 같습니다."

그러자 스승의 말씀.

"아니다. 먼저 인간에 대해 잘 알아야 한다."

주가나 부동산 가격이 출렁이는 것은 여러 변수가 있지만 가장 큰 이유는
인간들의 마음이 출렁이기 때문이다. 인간은 합리적인 삶을 추구하지만
실제로는 감정과 본능에 더 이끌린다. 그래서 합리적으로 잘 고안된 이론과
예측이 빗나가는 것이다. 사람들의 감정과 본능을 잘 이해해야 한다.

배움과 깨달음

배우기를 지나치게 좋아하는 제자가 스승에게 물었다.

"다른 사람의 성공 사례에서 배움을 얻는 것은 어떻습니까?"

"아주 좋은 일이다. 하지만 그들의 사례는 그들의 지도이며 여정이다. 네가 걸어야 할 지도와 여정이 그와 똑같을 수는 없다. 같은 지역이라도 환경과 여건은 끊임없이 바뀌게 마련이다. 무엇보다도 사람이 다르다. 그래서 수많은 성공 사례는 달을 가리키는 손가락에 불과하다. 손가락이 아니라 손가락이 가리키는 달을 볼 수 있어야 한다."

"알겠습니다."

"그런데 하나 묻겠다. 굳이 손가락으로 달을 가리켜 주지 않으면 달을 못 보는 사람이 있겠느냐?"

"아닙니다. 보고자 한다면 누구나 달을 볼 수 있습니다."

"그렇다. 모든 것은 자신에게 달렸다. 다른 것은 참고로 할 뿐 지나치게 의존하려 해서는 안 된다. 답은 너에게 있으며 배움은 네 안의 답을 발견하기 위한 도움에 불과하다."

❀

배움은 배움으로 그쳐서는 안 된다. 본인의 깨달음으로 연결되어야 한다.

기쁨과 고통

한 제자가 속상한 일이 있어 술을 마시고 있었다.

스승이 그에게 물었다.

"무슨 일로 그러느냐?"

"어제 한 마리에 천금을 능히 받을 수 있는 금색조라는 새가 저의 방 안으로 우연히 들어왔습니다."

"그러면 기뻐해야 할 일이 아니냐?"

"하지만 새장을 허술히 닫아 놓아 오늘 아침에 보니 도망가 버리고 말았습니다."

스승은 껄껄 웃으며 말했다.

"그렇다면 얻은 것도 잃은 것도 없이 원래대로 된 것 아니냐?"

"하지만 뜻밖의 횡재를 놓쳐 너무나 아쉽고 속상합니다."

"너는 처음에 얻는 기쁨을 느꼈고, 다음에는 잃는 고통을 느꼈다. 그 둘의 크기가 비슷하다면 무(無)의 상태로 마음이 담담해야 한다. 하지만 너는 그렇지 못했다. 지혜는 균형이다. 돈과 관련해서도 사람들은 돈을 얻는 기쁨보다 잃는 고통을 더 크게 느낀다. 그래서 균형이 깨진다. 이 두 가지를 마음속에서 똑같이 조율할 수 있으면 지혜롭게 재물을 다스릴 수 있을 것이다."

인간의 속성은 기쁨은 추구하고 고통은 피하고자 한다. 하지만 많은 이가 '얻는 기쁨'보다 '잃는 고통'을 더 크게 느끼는 경향이 있다. 삶은 기쁠 때도 있고 고통스러울 때도 있다. 그러나 기쁨은 한순간만 느끼고 고통은 지속적으로 느낀다면 삶은 불행해진다. 잃는 고통을 피하려고 얻는 기쁨을 포기하고 아무것도 시도하지 않는 것 또한 어리석은 일이다. 드물지만 얻는 기쁨에만 도취되어 모든 것을 잃는 경우도 있으니 이 역시 유의해야 한다. 모자라지도 지나치지도 않는 중용(中庸)의 균형 감각을 지닌 지혜로운 사람이 되자.

공짜 돈

스승이 제자들을 둘러보며 물었다.
"돈이 무엇이냐?"
한 제자가 나서며 답했다.
"삶을 풍요롭게 하는 수단입니다."
스승은 고개를 끄덕이더니 다시 말을 이었다.
"하지만 돈도 돈 나름이다. 어떤 돈은 삶을 파괴한다."
"어떤 돈이 그렇습니까?"
"공짜 돈이다."

세상에 원인 없는 결과 없듯이 공짜는 없다. 반드시 그에 상응한 대가를 치르게
마련이다.

걸림

성실한 제자 방원이 스승을 알현해 조언을 구했다.

"저는 멈추지 않고 열심히 일해 왔습니다. 그런데 지금 큰 혼란을 겪고 있습니다."

"잠시 멈추어야 할 때 멈추지 않았기 때문에 문제가 생긴 것이다."

"어떻게 그때를 알 수 있습니까?"

"마음이다. 마음에 걸림이 있으면 잠시 멈추어야 한다. 그리고 내면의 소리에 귀를 기울여야 한다. 내면과 일치를 이루지 못한 채 계속 나아가면 혼란이 가중되고 번민에 휩싸이게 된다."

❧

마음에 걸림이 없어야 평정한 마음으로 일에 집중할 수 있다. 걸림이 생겼다는 것은 마음에 경고등이 켜진 것이다. 마음에 경고등이 켜지면 이를 무시하지 말고 잠시 멈춰 잘 살펴야 한다. 마음에 걸림이 있는데도 계속 나아가면 사고로 이어지기 쉽다. 그리고 추진력도 없어진다. 마치 브레이크와 가속 페달을 동시에 작동시키는 것처럼.

미루어 알기

실패할 것이 뻔한 사업을 굳이 하겠다고 나서는 제자를 스승이 불렀다.

"우물에 낚싯대를 드리우고 있으면 물고기를 잡을 수 있겠느냐?"

"없습니다."

"그렇다. 안 되는 것은 어찌해도 안 된다. 해 보지 않고도 미루어 알 수 있어야 한다."

"다른 사람은 실패했지만 저는 성공할 수 있을 것 같습니다."

"너는 다른 사람과 어떻게 달리 사업을 할 것이냐?"

"더 친절하고 더 열심히 해 나갈 생각입니다."

"듣고 보니 특별한 게 전혀 없구나. 너는 앞서 실패한 사람과 전혀 다르지 않다. 오만한 착각을 버려라."

꽃무늬

다른 사람이 망해 나간 자리에 똑같은 업종을 똑같은 방식으로 운영하면서 성공하기를 바라는 자영업자들이 의외로 많다. 자신은 남다르다는 생각에서 비롯된 것이다. 사업에서 '남다름'은 중요하지만 이는 자신의 창조적 개성을 살려야 한다는 뜻이지 남보다 우월하다는 착각을 하라는 것이 결코 아니다.

제 6 장

결과를 바꾸려면
먼저 원인을 바꿔라

豊饒經

욕심과 발심

사과를 나눠 먹고 있던 중 스승이 제자들에게 말했다.

"욕심(慾心)이 아닌 발심(發心)을 가져라."

그러자 제자들이 물었다.

"욕심과 발심은 어떻게 다른지요?"

"욕심(慾心)은 아무것도 하지 않고 무언가를 얻으려는 것이다. 발심(發心)은 무언가를 얻기 위해 실천하고자 하는 것이다. 아무런 노력 없이 사과만 얻으려는 것은 욕심이요, 사과를 얻기 위해 사과나무를 심고자 하는 것이 발심이다."

세상에는 인과법칙이 작용한다. 욕심만 가지고 막연히 결과만 바라서는 아무것도 얻을 수 없다. 좋은 결과가 일어날 원인을 스스로 만들어야 한다.

최악

한 제자가 스승에게 물었다.

"부자가 되지 못하는 최악의 사람은 어떤 이일까요?"

"아무것도 하지 않고 빈둥거리기만 하는 사람이다."

<hr/>

아무것도 아닌 인생이 되는 지름길은 아무것도 하지 않는 것이다. 공자도 '아무것도 하지 않고 놀고 있을 바에야 도박이라도 하는 편이 낫다'고 했다.

원하는 것

제자들이 스승 앞에 모였다. 한 제자가 말문을 열었다.

"저는 아직 아무것도 얻지 못해 답답하기만 합니다."

"네가 진정 원하는 것은 무엇이냐?"

"아직 잘 모르겠습니다."

"무엇을 원하는지도 모르면서 어찌 무언가 얻기를 바랄 수 있느냐?"

다른 제자가 나섰다.

"저는 돈을 원합니다."

그러자 스승은 "그래 좋다. 내가 너에게 돈을 주마" 하며 금고를 열었다.

제자는 기쁨에 겨워 눈물마저 글썽거렸다.

스승은 그에게 동전 하나를 건네주었다.

"스승님, 고작 동전 하나입니까?"

"너는 그저 돈에 대한 막연한 바람만 갖고 있다. 막연하게 원하면 결과도 막연한 법이다."

또 다른 제자가 나섰다.

"저는 만 냥을 원합니다. 만 냥만 주십시오."

이에 스승이 약간 노기를 띤 음성으로 말했다.

"네가 거지냐. 남이 수고해 놓은 열매를 거저 얻으려는 건 거지 심보 아니더냐. 그것은 바람이 아닌 욕심이다. 그리고 너는 왜 만 냥을 원하느냐?"

제자는 잠시 머뭇거리다 대답했다.

"막연한 바람이면 안 되겠다는 생각에 돈의 액수를 구체적으로 말해 본 것뿐입니다."

스승이 안타까운 표정으로 말했다.

"진정으로 원하는 것이 아니지 않느냐?"

모든 제자를 둘러보며 스승이 군건한 목소리로 말했다.

"자신의 내면을 다시 한 번 찬찬히 들여다보아라. 자신이 진정으로 원하는 것이 무엇인지."

원하는 것을 얻지 못하는 가장 큰 이유는 본인이 무엇을 원하는지 잘 모르기 때문이다. 단순한 욕심이 아닌 자신이 진정 원하는 것을 구체적으로 파악하는 것이 원하는 것을 이루는 첫걸음이다.

변화

우직하기로 소문난 어떤 제자가 스승에게 물었다.

"스승님, 벌써 일곱 번째 도전했는데 또 실패했습니다."

"도전할 때마다 무엇을 달리해 보았느냐?"

"그런 건 없고 다만 계속 열심히 했습니다."

"늘 하던 식으로 하면서 어찌 다른 결과를 바라느냐? 다른 결과를 바란다면 다른 식으로 해야 하지 않겠느냐?"

'나아지겠지' 하며 열심히 사는데 항상 그대로라고 푸념을 하는 사람들이 적지 않다. 늘 하던 식으로 하면 같은 결과만 얻을 뿐이다. 세상은 인과법칙이 지배한다. 원인이 결과를 만든다. 다른 결과를 창출하려면 원인이 달라져야 한다. 그러나 많은 사람이 원인은 그대로 둔 채 결과의 변화만 바란다.

전쟁의 원인

    이웃 나라의 전쟁 소식으로 술렁이는 분위기 속에서 스승이 제자들에게 물었다.

    "왜 이렇게 갈등과 전쟁이 끊이지 않을까?"

    그러자 한 제자가 앞으로 나와 대답했다.

    "재화는 적은데 사람들은 많기 때문입니다."

    그러자 한숨지으며 스승이 말했다.

    "아니다. 이 세상에 재화는 차고 넘친다. 다만 사람들의 욕심이 그보다 큰 것이다. 인간들에게서 탐욕이 사라지지 않는 한 전쟁은 계속될 것이다."

탐욕이 전쟁을 일으킨다. 그리고 그 이전에 한 사람의 내면에서 전쟁이 시작되게 한다.

아끼기

어떤 부자가 마차 바퀴 밑으로 굴러 들어간 동전 하나를 찾으려 손수 엎드려 헤매고 있었다.

제자들이 수군거리며 비웃었다.

"푼돈을 아껴 봐야 얼마나 된다고 저러는지 모르겠습니다."

그러자 스승이 말했다.

"아낀 돈도 돈이지만 아끼는 태도가 더 중요하다. 사람을 아끼면 사람이 나를 따르고, 돈을 아끼면 돈이 나를 따른다."

이에 제자들이 고개를 숙였다.

＊＊＊

'어떤 삶의 태도를 가지고 살아가느냐'가 성공의 가장 중요한 바탕이자 관건이다.

돈을 모으는 까닭

"네가 돈을 모으는 이유는 무엇이냐?"

"어려운 일이 생겼을 때에 대비하기 위함입니다."

"고난을 위해 저축하지 말고 행복을 위해 저축해라."

"무슨 말씀이신지요?"

"어려운 상황에 대비해서 돈을 모으다 보면 돈을 모을 때마다 어려운 일만 상상하게 되며 결국은 어려운 일이 닥치고 그 어려운 일에 돈이 쓰이기 쉽다. 하지만 즐거운 앞날을 위해 돈을 모은다면 돈을 모을 때마다 즐거운 일을 떠올리게 되고 그 돈은 즐겁고 행복한 자신의 삶을 위해 쓰이게 될 것이다."

삶은 우리 믿음의 증명사진이다. 우리가 무엇을 믿든지 간에 믿음을 현실로 만들어 보여 준다. 우리의 삶이 예언대로 이루어질 경우, 예언이 앞일을 알아맞힌 것이라기보다 예언이 앞날을 만든 경우가 많다.

믿음

한 제자가 스승에게 물었다.

"믿는 대로 된다는 말이 사실일까요?"

"그렇다."

"저는 그렇지 않다고 믿습니다."

"그래? 그렇다면 너의 말이 옳다."

❦

믿는 대로 된다는 말이 맞는지 그른지는 우리의 믿음에 달려 있다. 참고로 파스칼은 수학적으로 풀어 본 결과 안 믿는 쪽보다 믿는 쪽이 유리하다고 결론을 내렸다.

축복

"축복을 받을 수 있는 좋은 방법이 있으면 알려 주십시오."

"축복을 받는 가장 좋은 방법은 축복을 하는 일이다. 만나는 사람, 동물, 식물, 재물, 내가 파는 상품에 이르기까지 모든 것을 축복하라. 무언가를 축복하는 일은 나를 크고 위대하게 만들고 평화롭고 선하게 만들며 나의 내면을 축복으로 가득하게 한다."

예수님께서도 오병이어(五餠二漁)의 기적을 일으키실 때 가장 먼저 하신 일이 떡과 물고기에 축복을 내리신 것이었다. 그런 다음 그것들을 쪼개어 5000명을 먹이셨다.

나부터

제자들이 모여 세상이 점점 어려워지고 인심이 각박해져 간다고 푸념을 늘어놓자 스승이 말했다.

"환경을 바꾸기는 어렵지만 나를 바꿀 수는 있다. 다른 사람을 바꾸기는 어렵지만 나를 바꿀 수는 있다. 운명을 바꾸기는 어렵지만 나의 생각을 바꿀 수는 있다. 그런데 놀라운 것은 나를 바꾸면 모든 것이 바뀐다는 것이다."

무언가를 변화시키려면 먼저 자신이 변화해야 하고 무언가를 개선시키려면 먼저 자신이 개선되어야 한다.

좋은 질문

한 제자가 스승에게 물었다.

"제가 하는 일마다 안 되는 이유는 무엇일까요?"

스승은 안타까운 듯이 대답했다.

"그게 문제다. 왜 안 되는지가 아니라 어떻게 해야 잘될지 물어야 한다. 좋은 질문이 좋은 결과를 만들어 내는 법이다."

부정적인 뭔가를 없애려는 노력은 부정적인 감정에 빠져들게 한다. 긍정적인 답을 원하면 긍정적인 질문을 하라.

노력과 운

한 제자가 스승에게 물었다.

"부자가 되는데 노력과 운 중에서 어떤 것의 비중이 더 클까요?"

스승이 답했다.

"운이다."

"그럼 노력으로는 어쩔 수 없다는 말씀이십니까?"

"아니다. 노력하는 사람에게 운이 더 따르는 법이지."

꿰꿰

아무런 노력을 하지 않는 사람은 운이 와도 잡지 못하며 운도 비켜 간다.

마음의 그림

스승이 화선지를 펴 놓고 난을 치고 있는데 한 제자가 불쑥 물었다.

"큰 부자가 되기 위해서 가장 중요한 재능은 무엇일까요?"

"그림을 잘 그려야 하느니라."

"화가가 되란 말씀입니까?"

"그렇다. 마음속에 자신이 이루고자 하는 그림을 선명하게 잘 그려내는 화가가 되어야 한다."

"좀 더 자세히 설명해 주십시오."

"훌륭한 조각품도 먼저 예술가의 마음속에 그려졌던 것이며, 기발한 발명품도 먼저 발명가의 마음속에 그려졌던 것이다. 큰 사업도 사업가의 마음속에 먼저 그려진다. 우리의 삶은 마음속의 그림이 실제 펼쳐진 것이다."

알베르트 아인슈타인은 "지식보다 상상력이 중요하다"라고 말했다.

마음속의 그림이 선명할수록 실현될 가능성은 더 뚜렷해진다.

행운을 차지하는
비결

스승이 제자들에게 제안을 하나 했다.

"이 자리에서 활을 쏘아 저쪽 편 과녁의 정중앙을 맞히는 자에게 큰 상을 주겠다."

그러나 바람이 심하게 불고 과녁은 거리가 멀어 아무리 뛰어난 실력으로도 운이 크게 따르지 않는 한 명중시키기 어려웠다. 많은 제자가 시도했지만 역시나 실패하고 말았다. 그런데 마지막 제자가 쉬지 않고 화살을 계속 쏘아 대는 것이었다. 그러다 화살 하나가 운 좋게도 정중앙에 꽂혔다.

"스승님, 제가 과녁 정중앙을 맞혔습니다. 상을 주십시오."

이에 스승이 그에게 상을 내리자 다른 제자들이 불평과 비판을 해 댔다.

스승이 말했다.

"난 한 번만 쏘라고 한 적이 없다."

스승은 다시 말을 이어 나갔다.

"우리 인생도 마찬가지다. 어느 누구도 우리에게 한 번만 시도해야 한다고 제약을 가하는 일은 없다. 행운은 다(多)에서 온다. 시도하는 횟수가 많을수록 행운이 따를 여지는 커진다. 만나는 사람이 많아질

수록 귀인을 만날 행운도 커진다."

경품 행사에 당첨된 행운을 경험한 적이 있는가? 아마 몇 번 되지 않을 것이다. 경품에 수없이 당첨되어 '경품 최다 당첨자'로 뽑힌 사람에게 기자가 비결을 물었다. "보통 사람 같으면 일생에 한두 번 당첨될까 말까 한데 그렇게 많이 당첨된 행운의 비결은 무엇입니까?" 그러자 그의 답변은 이랬다. "가장 중요한 비결은 경품 행사에 무수히 응모하는 것이죠." 그렇다. 시도를 많이 할수록 행운의 기회도 많아진다.

느긋하게
두루두루 살펴라

대정(大定)은 늘 운이 따랐다. 그래서 동료들로부터 행운의 사나이로 불렸다.

여러 제자가 송이를 캐러 산에 올랐을 때 산삼을 발견한 사람도 대정이었다. 평소에 돈을 줍는 행운을 얻는 사람도 대정이었다. 사업을 할 때도 대정은 언제나 행운의 기회를 잘 발견했다. 동료들이 대정에게 행운의 비결을 물었으나 대정 스스로도 그 이유를 잘 몰랐다.

이에 스승이 말했다.

"대정이 다른 이에 비해 특히나 운이 좋은 이유는 느긋한 성격 때문이다. 보통 사람들은 어떤 한 가지를 보거나 할 때 그에 급급해 다른 것은 제대로 살피지 못한다. 하지만 대정은 언제나 느긋하기 때문에 여러 측면에서 두루두루 살펴 남들이 보지 못하는 것들을 발견해 낸다."

인간에게는 초당 200만 비트의 정보가 감각기관을 통해서 들어오지만 우리가
인식할 수 있는 것은 불과 134비트밖에 되지 않는다. 인간은 외부의 정보를
선택적으로 일부만 받아들일 수밖에 없다. 볼 수 있는 만큼만 보인다. 다른 일에
골몰하느라 다가온 기회를 놓치는 경우가 얼마나 많은가. 운이 좋은 사람들은
느긋한 생활 태도 덕분에 우연히 찾아온 기회를 잘 포착한다. 두루두루 살피자.

하다 보니

제자 보현(普賢)은 세상의 다양한 부자를 만나 그들의 성공 비결을 배우고자 했다. 여러 지역을 돌아다니던 그는 몇 해 만에 고향에 돌아와 동료들 앞에 섰다. 동료들의 질문이 쏟아졌다.

"성공을 이뤄 낸 부자들의 공통점은 무엇이었소?"

"나는 많은 부자를 만났는데 그들의 공통점을 찾기는 어려웠습니다."

"그들이 뭐라고 얘기를 했을 것 아니오?"

"그렇습니다. 그들에게 가장 많이 들은 말이 있긴 합니다."

"그것이 무엇이오?"

동료들은 귀를 쫑긋 세웠다.

"그것은 '하다 보니 되었다'는 것입니다."

"그게 무슨 말이오?"

"내가 생각하기에 그들은 일을 벌인 것은 본인이지만 이루어진 것은 운(運) 덕분이라 여기는 것 같았습니다."

제갈공명은 위나라의 숙적 사마의의 군대를 호로곡으로 유인하는 데 성공해 화공을 펼쳤다. 승리가 확실해진 순간 갑자기 폭우가 쏟아져 화공은 무산되고 사마의는 무사히 탈출하고 말았다. 이 광경을 지켜보며 제갈공명은 혼잣말을 했다. "일을 꾸미고 행하는 것은 인간이지만 이루고 못 이루고는 하늘에 달려 있구나(謀事在人 成事在天)."

이 말에서 '하늘에 달려 있구나'라는 부분보다 더 유념해야 할 대목은 '일을 꾸미고 행하는 것'이다. 우리가 아무것도 하지 않는다면 하늘도 이루어 주지 않는다.

조화

강연을 마치고 난 스승이 제자들에게 말했다.

"큰 성공과 행복한 삶의 비결은 조화를 잘 이루는 것이다. 너희들의 각오를 말해 보아라."

제자들이 돌아가며 다양한 각오를 말했다.

"일과 휴식 간의 조화를 이루겠습니다."

"만나는 사람들과 조화를 이루겠습니다."

"시대와 사업의 조화를 이루겠습니다."

"적극성과 신중함의 조화를 이루겠습니다."

이에 스승이 짧은 가르침으로 마무리했다.

"좋다. 무엇보다도 너 자신의 내면과 조화를 이뤄라."

✺✺✺

내면에서 어긋나면 외부에서도 어긋나게 되어 있다. 직관에 귀를 기울이며 양심의 소리에 어긋나지 않도록 하라. 또한 아무리 성능이 좋은 가전 제품이라도 전원이 연결되지 않으면 작동되지 않듯이 무엇을 하든 자신의 내면과 동떨어지지 않도록 해야 한다.

豊饒經

제 7 장

현명하게 재물을
모으는 방법

한순간에 수천 냥을 버는 비법

어떤 사람이 곳곳에 큼지막하게 벽서를 붙였다. 벽서에는 이렇게 적혀 있었다.

한순간에 수천 냥을 버는 비법을 직접 보여 드립니다. 수업료로 열 냥씩 가져오세요.

한순간에 수천 냥을 버는 비법을 배우는데 열 냥의 수업료를 누가 아까워하랴. 수백 명의 청중이 앞다퉈 강연장에 모였다. 강연에 앞서 간단한 풍악 공연이 펼쳐졌는데 사람들은 음악 소리가 귀에 들어오지 않았다. 빨리 비법을 배우고자 하는 마음뿐이었다. 공연이 끝나자 드디어 그가 연단에 나타났다. 사람들은 숨죽이고 침을 삼키며 진지한 표정으로 그만 바라보았다. 그는 돈이 가득 담긴 커다란 자루를 메고 나와 청중에게 보이며 힘주어 말했다.

"이 자루에는 제가 예고한 대로 수천 냥이 담겨 있습니다. 이것은 방금 제가 번 것입니다."

그러자 청중 가운데 누군가가 큰 목소리로 외쳤다.

"그것은 우리들이 수업료로 낸 돈 아니오?"

그는 호탕하게 껄껄껄 웃으며 대답했다.

"그렇습니다. 어쨌든 저는 여러분께 한 제 약속을 분명히 지켰습니다. 여담으로 한마디 곁들인다면 일확천금을 꿈꾸는 여러분의 마음을 읽고서 이런 멋진 돈벌이를 착안했지요."

도박을 하는 사람이 아니라 도박장을 운영하는 사람에게 돈이 모인다. 복권을 사는 사람이 아니라 복권을 파는 사람에게 돈이 쌓인다. 미국 개척기의 골드러시 때도 돈 번 사람은 땅을 판 사람이 아니라 땅 파는 도구를 판매한 사람들이었다. 헛된 욕심은 약삭빠른 사람의 주머니만 불리게 한다.

재물이 따르는 길

제자 규동(閨桐)이 스승에게 물었다.

"무엇을 하면 돈이 될까요?"

스승이 답했다.

"무엇을 하면 돈이 될까 하는 생각에 골몰하는 이는 돈을 쫓아가는 이다. 그 이전에 무엇으로 사람들에게 도움을 줄까를 생각하라. 그러면 돈이 자연스럽게 따라오리라."

이때 제자 명철(名哲)이 앞으로 나와 물었다.

"스승님께서 사람들에게 도움되는 일을 몇 가지 권해 주십시오."

그러자 스승은 다음과 같이 열세 가지를 말했다.

"다른 사람들이 편안하도록 해 줘라. 다른 사람들이 멋있도록 해 줘라. 다른 사람들이 즐겁도록 해 줘라. 다른 사람들이 기쁘도록 해 줘라. 다른 사람들이 안심하도록 해 줘라. 다른 사람들이 건강하도록 해 줘라. 다른 사람들이 자긍심을 가지도록 해 줘라. 다른 사람들이 발전하도록 해 줘라. 다른 사람들이 성공하도록 해 줘라. 다른 사람들이 돈을 벌게 해 줘라. 다른 사람들이 돈을 절약하게 해 줘라. 다른 사람들이 서로 만나도록 해 줘라. 다른 사람들이 행복하도록 해 줘라."

돈을 쫓아가는 사람이 되지 말고 돈이 따라오는 사람이 되라는 말은 누구나 숱하게 들어 봤을 것이다. 그 둘을 어떻게 구분할 수 있을까? 돈을 쫓아가는 사람은 세상 돌아가는 것도 잘 모르고 오직 '어떻게 하면 돈을 벌까?'하며 자기 욕심에만 관심을 둔다. 돈이 따라오는 사람은 세상의 수요와 흐름을 파악하고 '어떻게 하면 나의 재능과 능력으로 더 많은 사람에게 도움을 줄 수 있을까?'하며 기여에 몰두한다.

지렛대

    어느 날 스승이 제자들을 불러 모아 놓고 마당에 놓인 커다란 바위를 움직여 보라고 했다. 힘깨나 쓰는 제자들이 앞다퉈 나와 용을 썼지만 바위는 꿈쩍도 하지 않았다. 모두 포기할 즈음에 덩치가 작고 몸도 약해 보이는 제자 창의(創意)가 기다란 막대 하나를 들고 나왔다. 모두들 의아한 마음으로 그를 지켜보았다. 창의가 조그만 돌을 큰 바위 옆에 놓더니 긴 막대를 그 사이에 끼워 넣고 아래로 내리누르자 큰 바위가 단번에 들썩였다.

    제자들이 놀란 표정을 하고 있는데 스승이 말했다.

    "저것을 지렛대라고 한다. 천하장사도 어찌할 수 없는 무거운 바위도 지렛대를 잘 활용하면 어린아이의 힘으로도 움직일 수 있다. 큰 부자가 되려면 지렛대의 원리를 잘 활용해야 한다."

10의 에너지를 투입해서 오직 10밖에 얻지 못한다면 우리의 삶은 힘들어진다.
투입한 것보다 더 많은 산출을 얻어야 우리의 인생이 쉬워지고 여유로워진다.
일과 사업, 투자, 생활 등 모든 면에 지렛대의 원리를 어떻게 적용할지 연구하고
실천해 나가는 사람의 삶은 그렇지 않은 사람의 삶보다 훨씬 더 편하고
윤택하다.

가장 어리석은 사람

낭비벽이 심한 제자가 어느 날 스승에게 물었다.

"스승님, 가장 어리석은 사람은 어떤 사람일까요?"

"뿌려야 할 볍씨를 몽땅 빻아 떡 해 먹는 사람이 아닐까 하네."

❧

종잣돈을 모으지 않고 버는 대로 낭비해서는 안 된다.

이름

　장안의 강려(江呂)란 사람은 비단 옷을 잘 만드는 사람으로 크게 이름이 났다. 그가 만든 옷은 한 벌에 천금의 값으로 팔려 나갔다. 제자 고혜(雇慧)는 손재주가 남달리 뛰어났는데 특히 비단 옷 만드는 솜씨가 강려(江呂) 못지않았다. 하지만 고혜가 만든 옷은 저렴한 가격에도 사 주는 이가 많지 않았다. 속이 상한 고혜가 스승에게 아뢰었다.

　"제가 만든 옷은 강려가 만든 옷에 결코 뒤떨어지지 않습니다, 게다가 훨씬 싸게 팔고 있습니다. 그런데도 모두들 강려의 옷을 사지 못해 안달입니다. 세상 사람들이 너무나 어리석은 것 같습니다."

　그러자 스승이 답했다.

　"세상 사람들을 어리석다고 탓하지 마라. 세상 사람들의 마음을 헤아릴 줄 모르는 자신의 어리석음을 반성하고 더 지혜로워져야 한다. 똑같은 수준이라도 무명(無名)씨가 만든 것은 물품(物品)에 지나지 않으나 유명(有名)씨가 만든 것은 명품(名品)이 된다. 이름 없는 풀을 잡초라고 한다. 잡초 대접을 받지 않으려면 이름을 얻어야 한다. 너의 가치를 더 크게 인정받고 더 좋은 대접을 받으려면 네 이름을 널리 알리고 빛나게 하는 데 힘을 쏟도록 하여라."

코카콜라 제조 비법을 알아낸 사람이 코카콜라 회사를 상대로 협박 전화를 걸자 코카콜라에서는 "마음대로 해 보시오. 당신은 코카콜라라는 브랜드 없이는 한 병도 팔기 어려울 것이오"라고 했다는 일화가 있다. 현대 경영에서 브랜드는 엄청나게 중요한 요소로 자리매김했다.

이제 브랜드는 기업이나 상품에 국한되지 않고 개인에게까지 그 영향력을 미치고 있다. 실력만 뛰어나서는 안 된다. 성공하기 위해 타인에게 필요하고 가치 있는 사람이 되는 것은 기본 중 기본이지만, 제대로 대접받고 싶으면 자신을 명품 브랜드로 거듭나게 해야 한다. 브랜드는 자신의 가치를 제곱해 준다.

작게 쓰는 사람

집집을 방문해 비파를 연주해 주며 돈을 버는 사람이 있었다.

제자가 스승에게 물었다.

"저 사람의 비파 실력은 당대 최고인데 왜 가난을 면치 못할까요?"

"작게 쓰기 때문이지. 아무리 훌륭한 재능도 작게 쓰면 작은 성과밖에 내지 못한다. 더 큰 재능을 가진 사람이 더 큰 대접을 받기보다 자신의 재능을 더 크게 쓰는 사람이 더 큰 대접을 받는 법이다."

장자의 예화도 이와 비슷한 가르침을 전하고 있다. 송나라 어느 집안에는 손을 트지 않게 하는 명약을 만드는 비법이 대대로 전수됐는데, 그 약을 활용해 빨래하는 일로 온 식구가 생계를 꾸려 오고 있었다. 하루는 어떤 나그네가 찾아와 비법을 사고자 했다. 가장은 식구들을 모아 놓고 "우리는 이 비법으로 빨래를 해 왔으나 돈벌이가 신통치 않았다. 누군가 값을 후하게 쳐 준다고 하니 이런 좋은 기회에 비법을 팔기로 하자"며 비법을 넘겨주었다. 비법을 산 나그네는 곧바로 오나라 왕을 찾아가 약의 효능을 설명했고 이를 활용해 송나라와의 겨울 수전(水戰)에서 큰 승리를 거둘 수 있었다. 이에 오나라 왕은 그 나그네에게 큰 상과 벼슬을 내렸다.

보다 많은 사람에게 크게 영향을 끼칠 수 있도록 자신의 재능을 활용하라.

투자의 원칙

"모든 투자에 적용되는 원칙이 있다면 말씀해 주십시오."

"있지. 그것은 자기 자신과 상식에서 벗어나지 말라는 것이다."

"무슨 말씀이신지요?"

"먼저 자기 자신이 잘 아는 분야를 선택해야 한다. 규칙과 방법도 제대로 알지 못하는 경기에 참여해서 어떻게 승리를 거둘 수 있겠는가? 둘째는 상식을 벗어나지 말라는 것이다. 상식을 벗어난 요술 같은 투자는 결국 모든 것을 요술처럼 사라지게 한다. 그런데 무척 똑똑한 사람들도 가끔 어리석게 상식을 벗어나 망하고 만다. 그 이유는 바로 탐욕 때문이다. 그래서 탐욕은 눈을 멀게 한다고 하는 것이지."

자기 자신을 모르면 아무것도 모르는 것이나 다름없다. 자신을 제대로 알고 자신의 역량을 올바로 파악하라. 또한 요행이나 마법을 기대하지 말고 상식적으로 생각하며 판단하는 것이 현명한 일이다.

일원다득(一原多得)

오랫동안 투계장을 운영해 온 사람이 스승을 찾아와 가르침을 청했다.

"저는 벌써 20년째 투계장을 운영하고 있지만, 예전이나 지금이나 똑같이 가난에서 벗어나기 힘듭니다."

스승은 땅바닥에 그림을 그려 가며 설명을 해 주었다.

"내가 그리고 있는 그림은 강이라오. 이 강을 보시오. 강이 시작되는 지점은 하나지만 여러 개의 물줄기로 갈라져 큰 강을 이루지 않소."

이어 스승은 씨앗 하나를 들어 보이더니 말을 이어 나갔다.

"이 씨앗도 마찬가지요. 하나의 씨앗이지만 일단 싹이 트면 여러 갈래 가지로 뻗어 나가 가지마다 열매들이 주렁주렁 열리지 않소."

이 말을 듣고 크게 깨친 그는 머지않아 갑부가 되었다.

다른 지역의 투계장들은 관람료 받아 봐야 몇 푼 안 되기 때문에 현상 유지도 어려운데 어떻게 큰 부자가 될 수 있었을까? 그는 다른 곳과는 다르게 구경꾼들에게 관람료를 받지 않았다. 그러자 구경꾼이 구름처럼 몰려들었다. 사람들이 들끓자 장사꾼들이 모여들었는데 그들에게 받는 자릿세가 만만치 않았다. 내기를 원하는 구경꾼들에게는 돈을 걸게 하고 수수료를 받았는데 그 액수가 엄청났다. 1등을 한 닭을 쓰다듬으면 복이 온다고 믿는 사람들에게는 우승한 닭을 한 번씩

쓰다듬게 하고 돈을 받았는데 이 역시 상당한 액수였다. 그 밖에 닭 그림이 그려진 그림과 병풍, 옷을 팔았는데 불티나게 팔려 나갔다.

'OSMU'라는 용어가 있다. 'One Source Multi Use'의 줄임말로 하나의 콘텐츠를 다양한 분야에 확대 적용해 다양한 형태의 큰 부가가치를 창출해 나가는 것이다. 문화 콘텐츠 사업에 관련된 사람들은 꼭 새겨야 할 말이며, 다른 분야에 종사하는 이들도 응용할 수 있겠다.

확률적 자만

멀지 않은 고을의 한 부자가 갑자기 파산했다는 소식에 제자들이 모여서 웅성거리고 있었다.

"승승장구하던 그 사람이 이번에 크게 망했대."

"나도 알아. 자만해서 너무 무리하게 큰일을 벌였다나 봐."

제자들의 수군거리는 소리를 듣고 스승이 말했다.

"지금까지 모든 일이 정말 잘되어 와 자신감에 가득 차서 무리다 싶을 정도로 큰일을 도모할 때는 자신이 지금까지 이루어 온 성공이 자신의 역량에 바탕을 둔 것인지 우연히 연속된 운의 산물인지 조용히 되짚어 볼 필요가 있느니라. 자신감은 좋으나 자만에 빠지지 않도록 늘 유의해야 한다."

⁂

주사위를 던졌을 때 6이 나올 확률은? 6분의 1이다. "6이 나와라"하며 주사위를 다섯 번 던졌는데 희한하게도 모두 6이 나왔다. 자, 이제 여섯 번째 주사위를 던지려고 한다. 이번에 6이 나올 확률은 얼마일까? 그렇다. 여전히 6분의 1이다. 확률적 자만에 빠지지 말아야 한다. 자만은 금물이다.

주인과 머슴

벌어들이는 품삯도 얼마 되지 않는데 돈을 모으기는커녕 낭비만 일삼는 제자가 있었다. 그는 자신의 궁핍한 생활을 한탄하며 늘 돈타령만 했다. 어느 날 스승이 그를 불러 일침을 가했다.

"주인과 머슴의 차이가 무엇이냐?"

"주인은 머슴에게 일을 시키고, 머슴은 주인을 위해 일을 합니다."

"그렇다면 네가 돈을 위해 일하느냐, 돈이 너를 위해 일하느냐?"

프랜시스 베이컨은 "돈은 최선의 종이요, 최악의 주인이다"라고 말했다. 삶의 목적을 돈에만 두면 나 자신은 돈 버는 수단으로 전락하고 만다. 오직 돈만 좇는 삶은 돈의 머슴살이 인생이 된다. 그러나 현실은 간단하지 않다. 일단 돈이 너무 없으면 불편한 점이 한두 가지가 아니기에 돈을 좇을 수밖에 없다. 그러면 어떻게 해야 할 것인가?

일반적으로 돈을 벌어들이는 데는 두 단계가 있다. 첫 번째 단계는 자신의 시간과 노동을 활용해 돈을 버는 것이고, 두 번째 단계는 벌어들인 돈을 활용해 자산을 더욱 불리는 것이다. 첫째 단계에서 돈을 알뜰히 모아야 둘째 단계로 넘어가 돈을 종처럼 부릴 수 있다. 첫째 단계에서 종잣돈을 모으지 못하고 계속 저소득에 머물면 돈이 당신의 주인이 될 수도 있다.

분야가 다르면
승패가 달라진다

한 분야에서 큰 성공을 거둔 제자가 전혀 다른 새로운 분야에 모든 것을 걸려고 하자 스승이 만류했다. 그러자 제자가 안타까운 표정으로 말했다.

"저의 성공 경험을 살려 더 큰일을 도모하고자 하는 것입니다."

그러자 스승이 물었다.

"바둑을 잘 두었다고 장기마저 잘 둘 수 있느냐?"

제자는 고개를 가로저으며 답했다.

"그건 그렇지 않습니다."

스승이 제자의 손을 잡으며 말했다.

"내기 바둑으로 큰 재산을 모은 표신(標信)은 자만심에 도취해 내기 장기 한 판으로 모든 재산을 잃고 알거지가 되었다. 분야가 다르면 승패가 달라진다는 것을 유념해야 하느니라."

하나의 사업에서 큰 성공을 거두었다고 해서 다른 분야에서도 반드시
성공하리라는 보장은 없다. 한 가지 일에서 성공을 이뤄 냈다는 자만심에
제대로 알지 못하는 분야에 뛰어들어 실패한 사람들이 많다. 게임마다 규칙이
다르며, 필요한 자질과 역량도 다르다.

투자의 한도

"투자는 얼마만큼 하는 것이 좋을까요?"

"투자한 돈을 모두 잃더라도 네가 충분히 극복할 수 있을 만큼 투자하라."

"좀 더 자세히 말씀해 주십시오."

"무리하게 투자하면 마음이 조마조마해져서 판단력이 흐려지고, 실패하면 다시 일어서기 어렵다."

✿✿✿

투자는 여유 자금으로 하는 것이 좋다. 여유 자금은 여유로운 마음으로 투자할 수 있고, 여유로운 마음은 자신을 보다 지혜로운 상태로 만든다. 또한 실패해도 실패를 거울삼아 다시 도전할 수 있다.

돈의 길목

강물을 물끄러미 바라보던 스승이 제자들에게 말했다.

"물과 돈은 흘러야 한다. 고이면 썩는다. 그럼 어디로 흘러갈까. 물은 갈증 난 사람에게 흘러가는 것이 아니라 물길을 따라 흐를 뿐이다. 돈도 마찬가지다. 돈은 절실한 사람에게 흘러가는 것이 아니다. 돈 길을 따라 흐른다. 돈의 길목을 선점한 사람에게 흘러가는 것이다."

버스가 오지 않는 길거리에서 "언젠가는 오겠지" 하며 버스가 오기를 계속 간절히 기다려 봐야 헛수고다. 버스를 타려면 정류장을 찾아야 한다. 돈도 그와 같다. 돈을 벌고 싶다면 돈의 길목을 찾자.

과도한 집착은
대상을 밀어낸다

제자 중 하나가 어떤 여인에게 푹 빠졌다. 그녀를 보기만 해도 심장이 요동치고 온몸이 바짝 굳을 정도였다. 만나 달라고 조르고 졸랐으나 그녀의 반응은 늘 냉담했다.

이를 지켜보던 스승이 말했다.

"과도한 집착은 어떤 대상이든 밀어낸다. 그것이 사람이든 돈이든 마찬가지다."

그날부터 제자는 집착을 버리고 더 이상 그녀를 쫓아다니지 않았다. 그런데 며칠 후 그녀가 연락을 해 왔고 둘은 결혼까지 하게 되었다.

결혼식 날 스승이 제자들을 향해 말했다.

"무언가에 지나치게 매달리면 그것은 나의 것이 되기도 어렵거니와 그만큼 대가를 치러야 한다. 오히려 '없어도 그만'이라고 생각할 때 일이 잘 풀린다. 그러므로 언제나 초연한 자세를 지녀야 한다."

돈이 너무나 급할 때는 외면하던 은행이 돈이 남아돌 때는 대출해 가라고
난리다. 일본의 부호 후지다 덴에게 누군가 부자가 되는 비결을 묻자 그는
이렇게 답했다. "돈과 여자는 내 쪽에서 쫓아가면 안 되네. 저쪽에서 나에게
달라붙도록 해야 하네."

자존심

성공하는 사업은 팔아 치우고 실패하는 사업은 계속 붙들고 있으려는 제자에게 스승이 일침을 가했다.

"현명한 투자가가 되려면 쓸데없는 자존심을 버려야 한다."

"무슨 말씀이온지 모르겠습니다."

"많은 사람이 패배는 드러내기를 싫어하고 승리는 돋보이고자 한다. 그래서 이익이 나는 것은 빨리 처분하려 하고 손해가 나는 것은 오랫동안 지니려 하는 것이다. 왜냐하면 처분하는 순간 성공과 실패가 뚜렷이 드러나기 때문이다."

✦❀✦

합리적으로 투자하려면 이익 종목을 보유하고 손실 종목을 매도해야 하나 사람들은 반대로 하는 경향을 보인다. 패배를 스스로 인정하고 싶지 않은 마음에 매도하지 않는 한 아직 실패가 아니라고 착각하며 버티기만 하는 것이다.

친숙함

"세상은 넓은데 너는 왜 이곳에만 매여 있느냐?"

"저는 이 지역에 10년이나 살아서 친숙합니다."

"그래, 좋다. 하지만 친숙하다고 해서 제대로 아는 것은 결코 아님을 유의하라."

***

친숙하다는 것과 제대로 아는 것은 다르다. 그런데도 사람들은 친숙한 분야를 제대로 아는 것으로 착각을 한다.

잘못은 멈춰야 한다

"네가 추진하고 있는 일은 너뿐만 아니라 알 만한 사람 모두가 가망
이 없다고 생각한다. 그런데도 너는 왜 계속 거기에 집착하느냐?"

"스승님, 벌써 엄청난 돈을 쏟아 부었는데 어찌 그만둘 수 있겠습니
까?"

"지금까지 걸었던 걸음이 아까워 잘못된 길을 계속 가다가 벼랑 끝
에 서게 되는 어리석은 나그네가 될 터이냐?"

❦❦❦

본전 생각에 멈추지 못하면 계속 잃다가 결국은 모든 것을 잃게 된다.
아깝더라도 포기할 것은 과감히 포기해야 한다. 대신 교훈을 얻어야 한다.

흥정

새롭고 넓은 학당을 구하던 차에 건넛마을에 사는 사람이 자신의 집을 팔겠다며 방문을 했다. 비교적 싼 가격을 제안했으나 스승은 그만한 돈이 없으니 다시 한 번 생각해서 제안해 달라며 정중히 돌려보냈다.

이를 본 제자들이 의아해하며 스승에게 물었다.

"스승님, 아주 좋은 가격 조건인 것 같은데 왜 거절하셨습니까?"

그러자 스승이 대답했다.

"상대방의 첫 제안을 머뭇거림 없이 곧바로 수락하면 서로에게 불신과 아쉬움을 남기게 된다. 흥정은 시간 낭비가 아니라 서로 간의 만족을 위한 과정이니라."

장롱을 사러 갔는데 물어 보니 400만 원이라고 한다. 흥정을 할 요량으로 주인에게 300만 원이면 살 테니 100만 원만 깎아 달라고 제안하니 주인이 단번에 그러자고 승낙한다. 과연 그 장롱을 300만 원에 선뜻 사야 할까? 아니다. 그리고 만일 300만 원에 사 가지고 왔다면 '더 깎을걸' 하는 아쉬움과 후회가 남을 것이다.

무용지용 사업

백회(白悔)와 선겸(扇兼)은 도가에서 공부한 제자들로, 동업을 했다. 이들은 한 사업에서 크게 성공을 거두고 스승을 알현하러 왔다.

스승이 반갑게 맞으며 물었다.

"너희들의 성공 이야기를 들어 보자꾸나."

선겸이 말을 꺼냈다.

"저희들은 장자(莊子)의 가르침에서 영감을 얻어 사업을 크게 성공시켰습니다."

"그래, 무슨 말인지 자세히 해 보거라."

"장자는 무용지용(無用之用)을 말했습니다. 쓸모없다고 생각되는 것이 실은 쓸모 있다는 것입니다. 그래서 저희들은 경쟁이 치열한 생활용품 장사를 그만두고 실생활에는 쓸모없지만 부자들이 많이 찾는 사치품에 관련된 사업을 해서 큰돈을 벌었습니다."

스승이 호탕하게 웃으며 두 제자의 등을 두드려 주었다.

창의적인 시각으로 보면 사업거리는 무궁무진하다. 이왕이면 경쟁이 덜하고 부가가치가 높은 사업을 하는 것이 좋다. 그런 사업거리에는 어떤 것이 있을까? 그 해답은 남에게 기댈 게 아니라 자기 스스로 찾아야 한다. 남에게는 멋진 사업거리라도 자신에게는 전혀 안 맞을 수 있기 때문이다.

도깨비와 방망이

한 제자가 말했다.

"가끔은 돈이 도깨비 같다는 느낌이 듭니다."

그러자 스승이 말을 이어받았다.

"그렇다. 물건이 실상이라면 돈은 증표 역할을 하는 허상이다. 도깨비가 인간보다 빠르듯이 허상은 실상보다 언제나 빠르며 허상은 또 다른 허상을 쉽게 만들어 낸다. 그 과정에서 도깨비에게 홀린 듯이 허상으로 파산하는 이도 있을 것이며, 도깨비방망이를 가진 자처럼 갑부가 되는 이도 있을 것이다. 또한 허상으로 실상이 혼란을 겪거나 파괴될 수도 있을 것이다."

금융은 온갖 술수를 부리는 도깨비인가, 부를 주는 도깨비방망이인가?

스탠 데이비스와 크리스토퍼 메이어는 《미래의 부》라는 책에서 다음과 같이 말했다. "부를 축적하는 핵심이 근로소득에서 불로소득으로 이동하고 있다. 즉, 일의 대가로 받은 돈(money that you work for)보다 나를 위해 일하는 돈(money that works for you)이 더 중요해진 것이다. 부자가 되려면 근로소득(Working income)보다 투자소득(Passive income)이 많아지도록 해야 한다. 근로소득보다 투자소득으로 부를 늘리는 것이 부자가 될 가능성이 높기 때문이다."

하지만 도깨비방망이의 신화만 믿고 욕심으로 섣불리 뛰어들었다간 도깨비장난처럼 한꺼번에 모든 것을 잃어버릴 수 있음을 항상 유념해야 한다.

가격과 가치

배움을 위해 먼 길을 달려온 어떤 사람이 스승에게 가르침을 청했다.

"부자가 되는 좋은 전략을 하나만이라도 알려 주십시오."

스승은 그의 열정을 칭찬하며 답을 해 주었다.

"가격과 가치의 차이를 활용하십시오. 가치를 화폐로 나타낸 것이 가격이라고 하지만 가치가 가격에 제대로 반영되는 것은 불가능에 가깝습니다. 또한 똑같은 것이라도 사람, 장소, 시간에 따라 가치가 달라지는 법이지요."

"제가 우둔한 터라 좀 구체적인 방법을 일러 주시면 감사하겠습니다."

"높은 가치가 있는데도 저평가되어 낮은 가격에 머물러 있는 것을 찾아봅니다. 이쪽에서는 가치가 적어도 저쪽에서는 가치가 큰 경우를 활용합니다. 묻혀 있는 가치를 다시 살려 봅니다. 개선할 부분을 고쳐 가치를 높입니다. 합쳐서 가치를 크게 합니다. 나누어 총체적 가치를 크게 합니다."

부자가 되기 위해 가치를 살펴보는 것은 가치 있는 일이다. 가치를 창출하는 것은 더욱 가치 있는 일이다. 큰 부를 성취하려면 가치를 알아보는 식견과 가치를 창출하는 역량을 길러야 한다.

졸작과 걸작

제자 고혜(雇慧)를 불러 스승이 물었다.

"너는 훌륭한 재능이 있는데도 왜 싸구려 옷만 만들어 파느냐?"

"일단 잘 팔리고 당장 돈이 되기 때문입니다."

"실력이 비슷한 두 명의 도공이 있다. 한 명은 돈을 많이 벌고자 했다. 그는 잘 팔리는 도자기를 만들기 위해 애를 썼다. 그릇과 접시, 항아리 등 많은 물건이 사람들에게 팔려 나갔다. 하지만 실력은 더 이상 늘지 않았고 삶은 바쁜 일과의 연속이었으며 나중엔 싸구려로 전락한 자신의 모습에 허탈감에 빠지고 말았다. 다른 한 명은 창조적인 작품 활동에 몰입했다. 당장엔 아무도 그의 작품을 찾는 이가 없었다. 하지만 그의 실력은 점점 향상되었고 결국에는 한 점 한 점이 엄청난 가격으로 팔려 나갔다. 나중엔 이 사람이 만든 도자기 하나가 첫 번째 도공이 평생 모은 재산에 맞먹을 정도였다. 보람과 부(富)가 동시에 주어졌다. 그가 만든 것은 물건이 아니라 작품이었으며 그의 삶은 노동을 넘어선 예술이었다. 당장 눈앞의 것에 급급하지 마라. 대기만성(大器晚成)이라 하지 않느냐. 나는 네가 만들어 내는 옷은 물론 너의 삶이 걸작으로 빛나기를 바란다."

돈벌이에만 매달리는 삶은 졸작의 삶이다. 창조하는 삶이 걸작의 삶이다.

절약과 전략

스승에게 마을 어귀에 살고 있는 가난한 사람이 물었다.

"저는 어려서부터 부자가 되려면 아껴 써야 한다고 들었고 절약이 몸에 밴 사람입니다. 그런데 저는 왜 여전히 가난하고 당신이나 당신의 제자들은 큰 부자입니까?"

그러자 스승의 답변.

"부자가 되려면 절약만이 아닌 전략이 필요합니다."

아껴 쓰고 저축하는 것이 부자가 되는 기본이긴 하지만 절약한 돈을 모아 저축해서 부자가 된 사람이 얼마나 되는가? 절약보다 전략이 더 중요하다.

제 8 장

함께 도모하면
더 풍요롭다

豐饒經

최선

자존심이 아주 강한 제자에게 스승이 뜰 앞에 놓인 무거운 바윗덩어리를 들어 보라고 했다. 제자가 아무리 힘을 써도 바위는 꿈쩍도 하지 않았다. 제자는 "스승님, 안 됩니다" 하며 포기하고 말았다.

그러자 스승은 엄하게 꾸짖었다.

"너는 최선을 다하고 있지 않구나. 진정으로 최선을 다해 보거라."

다시 한참을 바위와 씨름하던 제자는 비 오듯이 흘러내리는 땀을 닦으며 "스승님, 저는 최선을 다했지만 이건 도저히 안 되겠습니다"라고 말했다.

스승은 여전히 "너는 최선을 다하지 않았다"고 호통을 쳤다.

제자는 "저는 정말 최선을 다했는데 어찌 그러십니까?" 하며 억울함을 호소했다.

그러자 스승이 답했다.

"너는 나에게 한 번도 도움을 구하지 않았다. 그러고서 어찌 최선을 다한 것이라 할 수 있겠느냐?"

알량한 자존심으로 매사 혼자 처리하려는 사람은 큰일을 하지 못한다. 큰일은 결코 혼자 이뤄 낼 수 없다. 도움이 필요할 때는 도움을 요청하고, 부탁해야 할 때는 부탁해야 한다. 타인의 협력을 이끌어 낼 수 있는 힘과 태도를 길러라.

누구와 함께하느냐

우수한 제자 중에 늘 시정잡배와 시간을 보내는 이가 있었다.

"너는 왜 하찮은 사람들하고만 어울리느냐?"

"마음이 편안합니다. 거기서는 제가 제일이거든요."

"잠룡(潛龍)도 뱀과 어울리면 뱀이 되어 버린다. 결코 승천하지 못한다."

인간은 환경의 영향을 받을 수밖에 없다. 가장 큰 영향을 미치는 것이 인적 환경이다. 성공하려면 성공한 사람과 어울리고, 부자가 되려면 부자들과 어울려라.

동일

가장 가난했던 제자 곽희(槨嬉)가 운 좋게 큰돈을 벌었다.

몇몇 제자는 시샘으로 배가 아파 몸져누울 듯했다.

이에 스승이 말했다.

"남이 잘 안 되기를 바라는 마음은 내가 잘 안 되기를 바라는 마음과 같다. 남이 잘되기를 바라는 마음은 내가 잘되기를 바라는 마음과 같다. 대상이 어떻든지 동일한 마음은 동일한 파장을 형성한다. 축복하는 자는 축복받게 되고, 저주하는 자는 저주받게 되느니라. 곽희는 형편이 가장 어려웠지만 항상 자기뿐만 아니라 모두가 잘되기를 기원했고 남의 성공을 자기 일처럼 기뻐했느니라."

식물을 키울 때도 잘 자라기를 바라는 사랑의 마음으로 가꾸면 더 잘 자란다. 더 놀라운 것은 그런 마음으로 식물을 가꾸는 사람의 몸과 마음이 더 건강해진다는 것이다.

협력

대청소 날을 맞아 스승이 제자들을 모아 놓고 내기를 시켰다. 제한된 시간 안에 돌로 된 커다란 식탁과 나무 의자를 식당에서 집 밖 공터로 누가 많이 나르는가 하는 것이었다.

돌 식탁을 옮기면 하나당 1000점을 주고 나무 의자를 옮기면 하나당 10점을 주기로 했다. 모두들 돌 식탁에 욕심이 갔지만 돌 식탁은 혼자 힘으로는 꿈쩍도 하지 않고 장정 여섯이 용을 써야 겨우 들 수 있을 정도로 무거웠다. 그래서 제자들은 돌 식탁을 포기하고 모두들 나무 의자 나르기에 바빴다.

스승이 말했다.

"돌 식탁 하나는 나무 의자 100개와 점수가 같은데 너희들은 왜 나무 의자만 나르는 것이냐?"

제자들이 대답했다.

"그것은 너무 무거워 아무도 옮길 수 없습니다."

그러자 스승이 가르침을 펼쳤다.

"왜 너희들은 서로 협력하려 하지 않느냐? 함께하면 더 큰일을 도모할 수 있다. 보통 사람들이 엄두를 못 내는 것도 능히 도모할 수 있어 큰 가치를 만들어 내며 경쟁도 훨씬 덜하다."

이때 한 제자가 앞으로 나와 말을 했다.

"스승님 말씀이 옳으신 줄 알지만 저는 여럿이 동업을 했다가 크게 실패한 적이 있습니다."

"그렇다. 여럿이서 협력할 때는 유의해야 할 점이 있다. 첫째, 함께 하면 신중함이 덜해져 무모해질 수 있으니 이를 경계해야 한다. 둘째, 서로 간의 오해와 갈등을 풀지 않고 쌓아 두면 협력이 깨지니 이를 경계해야 한다. 셋째, 신속한 결정을 내려야 할 때 갑론을박하다가 기회를 놓칠 수 있음을 경계해야 한다. 무엇보다 중요한 것은 욕심으로 뭉쳐서는 안 된다는 것이다. 욕심으로 뭉친 사람들은 욕심으로 깨지게 되어 있다. 아무리 공평하려고 해도 공평하기 어렵기 때문이다. 서로 위하고 아끼며 조화와 믿음으로 함께하는 사람들이어야 하며 원칙과 기준을 미리 분명하게 잘 세워 두어야 한다."

꾀

함께하면 혼자서는 불가능했던 여러 가지 일을 해낼 수 있어 기회와 선택의 폭이 넓어진다. 또한 서로 힘을 합한 것보다 훨씬 더 큰 힘을 내는 시너지 효과(synergy effect)를 낼 수 있다. 하지만 그것보다 중요한 것은 누구와 무슨 목적으로 어떻게 함께하느냐다.

본이 돼리

남에게 조언하기를 좋아하는 제자 명혜(明慧)가 스승에게 물었다.

"저는 남들에게 애써 조언을 해 주는데 그들은 고마워하기는커녕 외려 저를 멀리하는 것 같습니다."

"너는 왜 다른 사람 일에 간섭하려 하느냐?"

"간섭이 아니라 조언을 하는 것입니다."

"그렇다면 너는 남이 너에게 조언을 청하는 경우에만 조언을 해 주느냐?"

"그렇지는 않습니다."

"청하지 않은 조언은 간섭이다."

스승은 다시 물었다.

"너는 왜 조언을 하느냐?"

"그들에게 도움이 되기 위해서입니다."

"너의 마음은 알겠다. 네가 조언을 하는 것은 상대방에게 도움을 주고자 하는 것이겠지만 그것이 타인에게 영향을 끼치고자 하는 너의 우월감에서 나온 것은 아닌지 잘 살펴보도록 하여라."

"말씀을 듣고 보니 그런 점도 없지 않은 것 같습니다."

"그래, 앞으로는 상대가 청하지 않은 조언은 신중하도록 해라. 그리고 가급적 조언을 삼가라. 어느 누구도 그 조언이 상대방에게 실제로 진정한 도움이 될지 알 수 없다. 네가 남에게 할 수 있는 최고의 조언은 너의 몇 마디 말이 아니라 너의 삶으로 본을 보이는 것이다. 타인에게 영향을 끼치려는 의지를 자신의 수행과 성장에 쏟도록 하여라."

불청객(不請客)은 청하지 않은 손님이다. 불청조언(不請助言)은 청하지 않은 조언이다. 불청객이 환영받지 못하듯 불청조언도 마찬가지다. 쓸데없이 남에게 조언하지 말고 자기 자신에게나 조언하라. 스스로 성공해 성공 모델이 되어 주는 것이 수백 마디 말보다 낫다,

의미 있는 삶

삶의 의미를 잃어버린 어떤 사람이 입버릇처럼 죽고 싶다는 말을 계속했다. 한 제자가 이 모습을 보고 스승에게 전했다.

그러자 스승은 "그 사람은 아마 스스로 목숨을 끊을지도 모르겠다. 자살을 하는 사람은 어떤 방법으로든 타인에게 미리 신호를 보내기 마련이거든" 하며 그 사람을 불러오게 했다.

스승이 먼저 물었다.

"당신은 왜 죽고 싶다고 하는 것이오?"

"더 살아 봐야 아무런 삶의 의미를 찾을 수 없습니다."

"그래서 어쩌자는 것이오?"

"죽고 싶다는 생각뿐입니다."

"죽고 싶다는 생각을 주고 싶다는 생각으로 바꾸어 보시오. 타인에 대한 봉사와 세상에 대한 기여야말로 당신에게 삶의 큰 의미를 줄 것이오."

"저는 가진 게 없습니다. 아무것도 줄 게 없습니다."

"물질만 생각하지 마시오. 밝은 미소, 따뜻한 말 한마디, 친절한 행동은 돈 한 푼 들지 않으나 황금만큼 값진 것이오. 길 한가운데 꿈틀거리고 있는 지렁이 한 마리를 사람들의 발걸음에 밟혀 죽지 않도록 숲으로 옮겨 주는 것도 보석만큼 값진 선행이오. 삶의 의미는 자신의

영달을 추구할 때는 잘 발견되지 않소. 누군가 혹은 무언가를 위해서
도움이 되고자 할 때 쉽게 발견될 것이오."

의미 치료의 창시자 빅터 프랭클은 "진정한 삶의 의미는 자신에게서 찾을
것이 아니라 이 세상에서 찾아야 한다"라고 말했다. 또한 "인간은 자기 자신을
초월할수록 더 인간다워지고 자기 자신을 더 잘 실현시킬 수 있게 된다"라며
"자아실현마저도 목표를 향한 노력의 결과가 아니라 자아 초월의 부수적인
결과로서만 얻어진다"라고 주장했다.
세상에 대한 기여와 봉사, 타인을 향한 배려와 사랑은 우리 삶을 더욱 의미 있고
빛나게 한다. 나 혼자 행복하려는 마음보다 함께 행복하려는 마음이 나 자신을
훨씬 더 행복하게 해 준다.

있는 그대로
있는 만큼

사람을 만날 때면 늘 타인의 시선을 지나치게 의식하고, 일을 할 때면 언제나 큰 부담에 시달리는 한 제자가 있었다. 그가 어느 날 스승에게 물었다.

"스승님, 저는 어떤 일이든 잘 해내고 싶습니다. 다른 사람에게 훌륭한 모습을 보이고 싶습니다. 그런데 잘 해내든 못 해내든 제 마음은 항상 바위에 눌린 듯이 답답하고, 남들 앞에서 저의 말과 행동은 부자연스럽기만 합니다."

이에 스승이 답해 주었다.

"너 자신에게 너 이상으로 기대하지 마라. 타인에게 너를 너 이상으로 나타내 보이려 하지 마라. 너의 모습을 있는 그대로 보여 주고 네가 가진 것만큼 발휘하라. 그것이 네가 할 수 있는 최고의 경지이며 신과 함께하는 최선의 길이다."

타인의 시선에 맞춰 가는 삶은 자신의 삶이 아니다. 소금은 짜야 하고 설탕은 달아야 한다. 장미는 장미다울 때 가장 예쁘고 백합은 백합다울 때 가장 아름답다. 자신은 자기다울 때 가장 멋있다. 자기가 가진 능력 이상을 발휘하려는 욕심은 자기가 가지고 있는 능력조차 제대로 발휘하지 못하게 만든다.

굽실거림

갑부를 만난 사람들이 마치 상전을 대하듯 그 앞에서 굽실거리는 것을 본 제자가 스승에게 물었다.

"많은 사람이 왜 자기와 직접적인 상관도 없는 부자들에게 굽실거리는 것일까요?"

"뭔가 얻을 것 같은 막연한 기대감과 욕심 때문이니라."

"그렇다면 그것은 거지 심보 아닙니까?"

"그렇다. 거지는 비굴하다. 아무리 굽실거려 봐야 비굴한 거지는 제대로 대접받지 못하며 설령 무언가를 얻는다고 해도 동전 몇 푼뿐이다."

"그렇다면 부자를 대하는 올바른 태도는 무엇입니까?"

"부자라고 특별한 사람이 아니다. 그러니 보통 사람 대하듯 똑같이 대해야 한다. 누구를 대하든 상대방을 존중하되 당당하게 대하라."

비굴한 사람은 업신여김을 받는다. 스스로를 하찮게 여기는 사람을 누가 존중할까? 자기 할 탓이다. 타인에게 존중받으려면 누구에게든지 당당함을 잃지 말아야 한다.

신뢰

스승이 외유차 말에 오르려는데 한 제자가 달려와 가르침을 구했다.

그는 번번이 남에게 속임을 당해 피해를 입고 속상해하던 터라 스승께 하소연을 했다.

"저는 사람을 잘 믿는 편인데 너무나 자주 속습니다. 이러다 아무도 믿지 못하게 되는 것은 아닌지 염려됩니다. 가르침을 부탁드립니다."

그러자 스승은 말을 쓰다듬으며 미소 띤 얼굴로 우스갯소리처럼 말했다.

"어떤 말이든지 멀찍이서 구경할 때는 말의 좋은 점만 봐도 좋다. 하지만 네가 직접 말 위에 올라타야 한다면 조심해야 한다. 상대를 믿을 필요가 없는 경우엔 언제나 상대를 믿어도 좋다. 하지만 상대를 믿을 필요가 있는 경우에는 섣불리 믿어서는 안 되느니라."

사적인 인간관계에서는 상대방을 무조건 믿어도 크게 탈 날 일이 없다. 하지만 사업상 관계에서는 약속한 사항을 구체적으로 명시해 두어야 한다. 그것이 상호간의 신뢰를 지키는 일이다.

사랑과 기대

학당에서 밥을 해 주는 한 아주머니가 강아지를 무척 아끼고 좋아했다. 그런데 그녀는 사람을 너무나 싫어했다. 한 제자가 그녀에게 물었다.

"강아지는 좋아하면서 사람은 싫어하는 이유가 따로 있습니까?"

그러자 그녀의 대답.

"강아지는 저를 실망시키지 않거든요."

제자가 이를 스승에게 고하자 스승이 말했다.

"강아지를 사랑하더라도 무언가 기대하지는 않는다. 하지만 사람을 사랑하면 무언가 기대하게 되고 기대는 실망으로 이어진다. 기대가 없으면 실망도 없다. 누군가로부터 무언가 공짜로 얻기를 기대하지 마라. 내가 누군가에게 무언가를 베풀었어도 상대방이 나에게 보답할 것을 기대하지 마라. 나는 오직 내가 할 도리를 다할 뿐, 상대방의 도리에 대해 관심도 갖지 말고 간섭하지도 마라."

풍요로운 삶이 되기 위해 원만한 인간관계는 필수다. 힘을 모으면 더 큰
풍요를 창조해 낼 수 있다는 점에서 일단 그렇다. 그러나 무엇보다 인간관계는
정서적인 풍요에 큰 영향을 끼친다. 사랑하는 사람들과 따뜻하고 돈독한
관계를 유지할 때는 마음이 풍요롭다. 그러나 갈등 속에서 서로 다투고 있을
때는 결코 풍요로울 수 없다. 스트레스 원인 중에서 가장 많은 부분을 차지하는
것이 사람으로 인한 것이다. 그럼 어떻게 해야 인간관계에 따른 여러 문제에
휘둘리지 않을 수 있을까?

좋은 방법 중 하나가 기대하지 않는 것이다. 기대는 상대방이 내가 원하는 대로
말이나 행동을 하기 바라는 것이다. 상대방이 나의 기대에 어긋나면 실망으로
이어져 관계가 소원해지기 쉽다. 만만한 상대인 경우는 나의 기대에 맞추려는
간섭이 시작된다.

원만한 인간관계를 바란다면 서로 기대하는 마음을 내려놓고 나는 나의 도리를
다하고 상대방은 상대방의 도리를 다할 뿐이란 생각으로 서로 존중하고
인정하되 간섭하지 말아야 한다. 아무런 기대도 하지 말고 실망할 것도 없이
무조건 사랑하자. 대가를 기대하지 말고 조건 없이 베풀자.

위임

자영업을 하는 한 제자가 돈은 많이 벌지만 너무나 바쁜 일과를 보내고 있었다.

어느 날 스승이 그에게 조언을 해 주었다.

"진정한 부자는 돈 부자에 그치지 않고 시간 부자도 되어야 하느니라."

"하지만 저는 뭐든지 제가 직접 해야만 안심이 됩니다."

"모든 것을 혼자 처리하는 것은 경영(經營)과 거리가 멀다. 경영은 재능 있는 사람들을 불러 모아 각기 적합한 일을 맡기고 전체가 한 방향으로 잘 돌아가도록 이끄는 것이다. 위임을 못 하면 본인은 늘 시간 여유가 없고 몸에도 무리가 따를 수 있다. 사람들을 고용해 일을 적절하게 위임하라. 재능이 뛰어난 이들의 단점이 다른 이에게 위임하지 못하고 모든 일을 손수 챙기려 한다는 것이다. 제갈공명마저도 이에서 벗어나기가 쉽지 않았다."

오장원에서 공명과 사마중달이 대치하고 있던 어느 날 공명의 사자가 사마중달을 방문했다. 사마중달은 전쟁에 관련한 말은 일절 하지 않고 공명의 일상 안부만 물었다. 사자가 대답하기를 "승상께서는 얼마나 부지런하신지 아침에 일찍 일어나시고 밤엔 늦게 주무십니다. 여러 막사를 직접 순시하시면서 사소한 일도 꼼꼼히 직접 챙기십니다." 공명의 사자가 돌아간 다음 사마중달은 혼잣말로 중얼거렸다. "공명의 목숨이 이제 얼마 남지 않았구나." 얼마 후 그 예측대로 공명은 숨을 거뒀다. 리더가 사소한 일까지 신경을 쓰며 직접 하려 들면 안 된다.

험담

제자 명혜(明慧)를 놓고 지능이 떨어지는 사람이라고 누군가 험담을 했다. 하지만 명혜는 전혀 동요하지 않았다. 왜냐하면 스스로 그렇지 않다는 확신이 있었기 때문이다. 그런데 어느 날 누군가가 명혜에게 이기적인 사람이라고 험담을 했다. 그러자 명혜는 무척 화를 냈다.

이에 스승이 말했다.

"사람이 어떤 험담에나 영향을 받는 것은 아니다. 영향을 받는 험담은 어느 정도 일리가 있는 경우가 많다. 누군가 나에 대해 험담을 했을 때 속상하거나 화가 난다면 험담한 이에게 화를 내거나 똑같은 험담으로 돌려주려 하지 말고 하늘이 그의 입을 빌려 나에게 주의를 주는 것이라고 생각하라. 그러면 심리적으로 휘둘리지 않고 오히려 감사한 마음이 들며 반성을 통한 발전의 계기가 될 것이다."

험담을 하는 이는 물론 험담에 크게 영향을 받는 이도 문제다. 타인의 험담에 초연하자. 초연할 수 없으면 겸허한 마음으로 반성하고 변화와 발전의 계기로 삼자.

똑똑함과 평범함

외모와 인상에 관심이 많은 한 제자가 스승에게 물었다.

"사람은 똑똑해 보이는 게 좋을까요, 평범해 보이는 게 좋을까요?"

"일꾼은 똑똑하게 보여야 일자리를 잡을 수 있고 쫓겨나지 않겠지. 하지만 사업가가 너무 똑똑해 보이면 사람들이 경계하게 된다. 노자도 자기를 내세우지 않기 때문에 사람들로부터 인정을 받게 되고, 자기를 과시하지 않기 때문에 사람들에게 떠받들어진다고 하지 않았더냐."

<hr />

부족한 점이나 약점은 오히려 다른 사람을 끌어당기는 매력이 될 수도 있다. 완벽한 사람은 사랑받기 힘들다. 그래서 높은 자리로 갈수록 오히려 평범하게 생긴 사람이 더 많다. 외모에 지나치게 집착하지 말자. 그리고 외모를 실패의 핑곗거리로 삼지 말자.

비교

한 해를 마무리하는 시점에 스승이 제자들에게 물었다.

"너희는 올 한 해 얼마나 행복한 성취를 이뤘는지 말해 보아라."

제자 명재(明才)가 먼저 나서서 우쭐대며 말했다.

"제가 가장 행복할 것입니다. 올해 저는 동료들 중에서 가장 많은 재산을 모았습니다."

다음은 제자 내현(來現)이 앞으로 나와 말했다.

"저는 무척 행복합니다. 작년보다 여러 면에서 많이 성장했고 경제적으로도 나아졌습니다."

스승은 내현을 칭찬하며 다음과 같이 말했다.

"남과 비교해 우월한 마음을 가지려 하지 마라. 그것은 경쟁의 태도에서 비롯된 것이며 진정한 풍요의 마음에서 벗어나는 것이다. 우월감의 이면엔 항상 열등감이 함께 존재한다. 자신의 어제보다 오늘이, 오늘보다 내일이 더 발전되고 성숙해지기 위해 노력하라."

행복을 느끼는 접근 방법에는 두 가지가 있다. 절대적 행복과 상대적 행복이다. 절대적 행복을 추구하는 사람은 다른 사람이나 여타 상황에 상관없이 병원 신세 지지 않을 정도의 건강, 굶지 않을 정도의 경제적 여유, 함께하는 가족과 가끔씩 얘기 나눌 친구만 있어도 충분히 행복할 수 있다. 하지만 상대적 행복을 추구하는 사람은 주위 상황에 따라 행복의 척도가 달라진다. 그래서 만족의 봉우리와 불만족의 계곡을 늘 오르락내리락한다. 옆집 사람이 로또복권에 당첨되면 그날부터 우울해지고 불행해진다. 옆집 사람 꼴도 보기 싫어진다. 보면 볼수록 배만 아프니까.

절대적 행복주의자는 자신의 삶 자체를 통해 행복을 느끼지만, 상대적 행복주의자는 남과의 비교를 통해 행복과 불행을 결정짓는다. 상대적 행복주의자가 되지 말고 절대적 행복주의자가 되자.

과소비와 과시

값비싼 사치품을 사들이는 제자 규동(閨桐)을 스승이 꾸짖었다.

"너는 어찌하여 과소비를 일삼느냐?"

"남들에게 멋지게 보이고 싶습니다."

"과시는 결핍의 사고에서 나오는 것이다. 이제 그만두도록 하여라."

그러자 규동은 억울한 표정을 지으며 말했다.

"저의 동료 곽희(槨嬉)는 저보다 훨씬 더 소비가 심합니다."

그러자 스승이 말했다.

"곽희는 과소비를 하는 것이 아니다."

"그게 무슨 말씀이십니까?"

"곽희의 재산과 수입은 너도 알다시피 엄청나다. 과소비는 자신의 분수 이상으로 쓰는 것이지 단순히 많이 지출하는 것이 아니니라."

큰 부자의 큰 씀씀이는 과소비가 아니다. 없는 사람이 있는 척 과시하는 지출이 과소비다. 부자들이 풍요로움을 누리는 것을 막연한 시샘으로 욕하거나 탓해서는 안 된다. 그런데 재산은 분명 많지만 다른 사람의 눈살을 찌푸리게 하는 과시적인 지출을 일삼는 이들도 있다. 이들은 재산은 많지만 마음은 풍요롭지 않은 부자들이다. 자신의 미약함과 공허한 마음을 과시적 소비로 채우려는 것이다. 누리는 것은 좋으나 다른 이의 마음을 상하게 하지 않도록 배려하는 마음을 가져야 진정한 부자라 할 수 있다. 배려받는 사람보다 배려하는 사람이 큰 사람이다.

제 9 장

풍饒經

참으로 풍요로운 삶을 추구하리

진정한 부자

제자 내현(來現)이 가족들과 소풍을 가기로 했는데 갑자기 일이 생겼다. 큰돈이 생길 만한 좋은 기회였지만 내현은 일을 뿌리치고 가족들과 놀러 갔다.

나중에 스승이 물었다.

"너는 어찌 좋은 기회를 사소한 집안일로 놓쳤느냐?"

그러자 내현이 대답했다.

"돈은 나중에도 다시 벌 수 있지만 우리 애들의 어린 시절은 다시 오지 않습니다."

이에 스승은 무릎을 치며 "과연 네가 진정한 부자다"라며 칭찬을 아끼지 않았다.

인생의 풍요는 돈만으로 채울 수 없다. 세상에는 돈으로 살 수 없는 소중한 것들이 많다. 가장 소중한 것들을 돈 때문에 놓쳐서는 안 된다.

부자의 두 부류

　재산을 많이 모았으나 남에게 베풀지 못하고 여전히 욕심 많고 궁핍한 생활을 하는 한 제자가 있었다. 어느 날 그에게 스승이 물었다.

　"한 사람이 값비싼 거문고를 수백 개나 가지고 있다. 하지만 연주는 못 한다. 다른 한 사람은 낡은 거문고 하나를 가지고 있지만 그의 연주는 들짐승이나 날아가는 새들도 감동할 경지다. 너는 어떤 사람이 되고 싶으냐?"

　"당연히 두 번째 사람이 되고 싶습니다."

　"부자도 두 부류로 나눌 수 있다. 첫째는 재산만 많은 사람이고, 둘째는 재산도 많은 사람이다. 첫째 부류는 창고만 빼곡할 뿐 그들의 삶이나 문화는 여전히 메말라 있다. 이들은 물건이 가득 찬 창고를 소유하고 있는 사람에 그칠 뿐이다. 둘째 부류는 풍요의 문화와 나눔의 철학이 깃든 삶을 영위하며 마음의 창고마저 차고 넘친다. 이들이 참된 부자이며 진정 풍요로운 사람이다."

❧

가지고 있는 것만으로는 의미가 없다. 잘 누리고 잘 쓰는 사람이 되어야 한다.

풍요로운 생활

스승이 제자들에게 문제를 냈다.

"참으로 풍요로운 생활을 하는 자의 예를 들어 보라."

그러자 여러 제자가 각자의 생각을 말했다.

"아무리 써도 줄어든 티조차 나지 않는 넉넉한 돈에 몸마저 청년처럼 건강한 이의 생활이 아닐까요?"

"매일 사람들을 불러 모아 연회를 베풀어 맛있는 음식을 대접하고 즐거운 풍류를 즐기는 이의 생활이 아닐까 싶습니다."

"마음이 언제나 넉넉하고 걱정과 근심이 없으며 모든 일이 잘 풀리는 이의 생활이라고 생각됩니다."

"재산뿐만 아니라 사람들로부터 칭송과 존경을 받는 명예까지 얻은 이의 생활이 아닐까 사료됩니다."

여러 제자가 앞다퉈 답했지만 만족스럽지 않은지 스승은 침묵을 지켰다.

마지막으로 뒷자리에 앉아 있던 제자 숙회(熟鱠)가 답했다.

"아침에 눈을 뜰 때 새로운 하루가 선물로 주어졌다는 감사의 마음으로 일어나고, 밤에 잠자리에 들 때 하루를 보람 있게 잘 보냈다는 기쁨으로 자리에 눕는 자가 아닐는지요."

그러자 스승이 미소 띤 표정으로 고개를 끄덕이며 말했다.

"그렇다. 참으로 풍요로운 삶은 화려하거나 거창한 것이 아니라 평범한 일상 속에서 찾을 수 있는 것이다."

풍요로운 삶은 결코 질리는 법이 없다. 따라서 달콤한 생활보다 담백한 생활이 풍요에 가깝다. 단 것은 결국 질리게 마련이다. "평상심(平常心)이 곧 도(道)"라는 중국의 위대한 선승(禪僧) 조주선사(趙州禪師)의 말씀을 되새겨 볼 만하다.

복을 불러오는 마음

자신에게는 행운이 따르지 않는다고 늘 불평하는 제자가 스승에게 물었다.

"복을 불러오는 마음이 따로 있습니까?"

"그렇다. 그것은 바로 감사하는 마음이다. 내가 무언가를 주었을 때 진심으로 감사하는 사람과 당연한 듯 받아 챙기는 사람 중에서 다음에 또 주고 싶은 사람이 누구겠는가? 행운의 신도 마찬가지 아니겠느냐?"

감사하고 또 감사하라. 감사하는 마음은 행운을 불러올 뿐만 아니라 바로 지금 우리를 행복하게 한다.

소유

"가장 큰 부자가 되면 얼마나 가질 수 있을까요?"

"아무리 부유해지더라도 실제로 우리는 아무것도 가지지 못한다."

"그게 무슨 말씀입니까?"

"이 세상에 우리가 영원히 가질 수 있는 것이 하나라도 있더냐? 이 몸뚱이조차도 결국은 사라지고 말거늘."

"이제 알겠습니다."

"어찌 보면 우리는 모든 것을 이미 가진 것이다."

"그것은 무슨 말씀이십니까?"

"모든 것은 하나에서 나왔고 하나로 돌아가는 법. 모든 것이 하나인데 가지지 못한 게 어디 있겠느냐? 그러므로 잃을 것도 없고 얻을 것도 없다."

진정한 풍요의 마음은 하나의 실체와 연결될 때 발현된다. 하나가 전체이고, 전체가 하나임을 깨달을 수 있다면 무한한 풍요를 누릴 것이다.

노름과 사기

제자 명재(明才)는 어느 누구보다 총명하고 이재에 밝았다. 그는 여러 가지 탁월한 재능을 가지고 있어 스승이 각별히 아꼈다. 그러나 어떻게 벌든 상관없이 돈만 많이 벌면 된다고 생각하는 명재를 보며 스승은 안타까운 마음이 들었다.

어느 날 스승이 명재를 불렀다.

"혹시 노름으로 돈을 벌 궁리를 하는 것은 아니겠지?"

"그럴 리가 있습니까? 결코 그렇지 않습니다."

"그럼 사기로 돈을 벌 생각을 하는 것은 아니겠지?"

"사기라니요, 제가 어찌 그럴 수 있겠습니까?"

"그렇다면 지금부터 내 얘기를 귀담아듣도록 하여라. 노름은 돈을 이쪽에서 저쪽으로 이동시킬 뿐 어떤 가치도 만들어 내지 못한다. 사기는 다른 이에게 도움을 줄 것처럼 다가가서 자신만 이익을 취하는 것이다. 가치를 만들어 내지 못하는 돈벌이는 노름이나 다름없다. 세상에 기여하지 못하는 돈벌이는 사기나 다름없다. 이 두 가지 방법으로는 아무리 재산을 많이 모았더라도 속물이라 칭한다. 나는 너의 훌륭한 재능과 능력이 세상과 사람들을 위해 크게 쓰이기를 바란다."

투기가 만연할수록 사람들은 일할 의욕을 잃고 머니 게임에만 골몰하게 된다. 돈이 삶의 기준이 되고 결국 세상과 사람을 지배하게 된다. '재테크'란 멋진 이름이 과연 무엇을 의미하는지 세상에 어떤 역할을 하는지 한 번쯤 곰곰이 성찰해 볼 필요가 있지 않을까.

건강

아픈 제자를 병문안 간 스승이 말했다.

"건강은 부를 이루기 위해서 반드시 필요하지만 부를 누리기 위해서도 필수다."

※

'돈을 잃는 것은 조금 잃는 것이고, 명예를 잃는 것은 많이 잃는 것이며, 건강을 잃는 것은 모두 잃는 것이다'라는 명언으로도 알 수 있듯이 건강은 모든 것의 토대다.

개와 늑대

어느 날 스승이 우화를 통해 가르침을 전했다.

"개가 늑대를 놀리며 말했다. '우리는 밥걱정 안 하지.' 그러자 늑대가 개들에게 안타까운 듯 말했다. '너희가 자유를 아느냐?'"

제자들이 웃자 스승이 말했다.

"너희들은 개 같은 삶을 살지 말고 자유로운 삶을 추구하여라."

마키아벨리는 "노예처럼 살려는 자들을 자유롭게 만드는 것은 자유롭게 살려는 이들을 속박하는 것만큼이나 어려운 일이다"라고 말했다. 진정한 자유인이 되자.

참된 기쁨

낚시를 좋아하는 한 제자가 어느 날 대어를 낚고 기뻐하다가 낚싯
대를 잊고 와 버렸다. 그 제자가 스승에게 물었다.

"기쁨은 종종 사람을 들뜨고 흥분하게 하여 사리 판단을 흐리게 하
지 않습니까?"

"그러하다."

"우리 인간은 누구나 기쁨을 추구하는데 그것은 결국 지혜롭지 못
한 상태를 추구하는 것이란 말씀이신지요?"

"참된 기쁨을 추구해야 하느니라. 욕심에서 나온 것은 참 기쁨이 아
니다. 이는 심기를 흩트려 놓거나 허망함으로 이어지게 한다. 참된 기
쁨은 맑고 투명하다. 그래서 모든 것을 비추되 그림자가 없다. 참으로
지혜로운 경지다."

"그런 참된 기쁨은 어디에 있을까요?"

"그것은 너의 내면에 있다."

욕심에서 비롯된 기쁨은 욕구가 충족되는 순간에만 느껴질 뿐이며 정신을
흐려 놓는다. 또한 마시면 갈증이 해소되는 듯하다가 금방 또다시 더 마시고
싶어지는 소금물처럼 채워지지 않는 욕구로 계속 방황하게 만든다. 욕심을
벗어난 기쁨이야말로 참된 기쁨이다. 욕심에서 벗어나 영원히 목마르지 않는
기쁨을 얻어야 한다.

깨어 있음

스승이 낮잠을 자고 있는데 제자가 들어왔다.

"스승님, 건넛마을 회정(懷情)이란 부자가 돌아가셨답니다."

"그래?"

"부자라도 죽음은 피할 수 없는 것. 스승님, 저는 죽음이 두렵습니다."

그러자 스승이 말했다.

"잠은 죽음의 예비 경험이다. 지금껏 하루도 빠짐없이 연습했거늘 죽음이 무에 두려우랴. 다만 깨어 있을 때조차 몽롱하게 살까 봐 그게 두려울 뿐."

❧

죽음은 누구나 맞이한다. 하지만 충실한 삶은 아무나 갖는 것이 아니다. 죽음을 두려워할 것이 아니라 삶에 충실하지 못함을 두려워해야 한다.

네 가지 성찰

한 제자가 스승에게 말했다.

"수많은 사람이 물욕에 눈이 어두워 인생의 참 의미를 망각한 채 막연한 허상을 쫓고 있습니다."

"그렇다."

"우리가 현명한 삶을 추구할 수 있도록 지혜의 말씀을 부탁드립니다."

"무엇인가를 얻고자 할 때 다음의 네 가지 성찰을 꼭 해 보도록 하여라. 첫째, 내가 얻으려고 하는 것은 진정 무엇인가? 둘째, 그것을 왜 얻으려고 하는가? 셋째, 그것을 얻고 나면 어떻게 할 것인가? 넷째, 그것을 어떻게 얻을 것인가? 이에 대한 답변이 명료하지 못하면 막연한 삶을 사는 것이다."

우리가 가장 잘 아는 것은 바로 자기 자신이다. 하지만 의외로 가장 모르는 것도 자기 자신이다. 자기 자신에 대한 성찰을 게을리 하지 말아야 한다. 그렇지 않으면 자기 삶이 자기 것이 아니게 된다.

지금 여기

스승과 제자들이 경치 좋은 곳으로 나들이를 갔다. 모두들 즐겁게 담소를 하며 즐기고 있는데 유독 민제(敏除)만이 표정이 어두웠다.

스승이 그에게 다가가 물었다.

"너의 안색이 밝지 못하구나."

그러자 민제는 쓴웃음을 지으며 답했다.

"도모하고 있는 일이 잘 풀리지 않아서 그렇습니다."

이에 스승이 차를 건네며 잔잔한 어조로 다시 물었다.

"아침에 먹은 음식을 생각하느라 지금 먹고 있는 음식의 맛을 모르고, 저녁에 먹을거리를 생각하느라 지금 먹고 있는 음식의 맛을 제대로 즐기지 못한다면 어떠하겠느냐?"

"그는 어리석은 사람일 겁니다."

"그렇다. 지나간 일을 생각하느라 지금 여기에 펼쳐진 행복을 느끼지 못하고, 다가올 일을 생각하느라 지금 여기에 펼쳐진 행복을 향유하지 못하는 것은 풍요로운 삶이 아니니라. 행복의 참맛은 지금 여기에서만 느낄 수 있다."

이에 민제는 밝게 웃으며 스승에게 예를 올리고 동기들과 즐겁게 어울렸다. 돌아갈 즈음에 민제가 스승 앞으로 달려와 기쁜 표정으로 말했다.

"스승님, 즐겁게 놀고 있는 와중에 문득 좋은 해결책이 떠올랐습니다."

스승은 온화한 미소를 보내며 고개를 끄덕였다.

우리가 진정한 행복을 느낄 수 있는 시간과 장소는 지금 여기뿐이다. 풍요로운 삶은 과거나 미래에 매몰된 삶이 아니라 현재 이 순간을 충실하게 누리며 사는 것이다.

흙과 나무

돈 걱정으로 늘 그늘진 표정을 하고 있는 제자를 스승이 불렀다.

"저기 화분을 보아라. 조그맣던 나무가 벌써 저렇게 크게 자랐다."

"그렇습니다."

"나무의 뼈와 살은 어디에서 온 것 같으냐?"

"당연히 흙이 아니겠습니까?"

"잘 보거라. 나무는 저렇게 크게 자랐지만 화분 속의 흙은 거의 그대로이지 않느냐?"

"그러고 보니 정말 그렇습니다."

"흙은 나무를 지탱해 주며 어느 정도 영양분을 제공할 뿐이다. 실제로 나무를 성장시키는 것은 물과 공기와 빛이다. 흙이 돈이라면 물은 너의 마음이요, 공기는 주위 사람들이며, 빛은 신의 은총이니라. 대자연과 호흡하며 내면의 소리에 귀를 기울이고, 언제나 심기를 바르고 편안히 하며, 다른 사람들과 조화롭게 지내는 것이 무엇보다도 중요하다."

"하지만 흙이 없으면 나무는 쓰러지지 않습니까?"

"그렇다. 흙이 중요하지 않다는 것이 아니라 흙에 박힌 나무 막대기 같은 삶이 되지 말라는 것이다."

돈은 안락한 생활을 받쳐 주는 수단이지 나 자신을 구성하는 실체가 될 수 없다. 경제적인 것에만 급급해 인간적 성장, 영적 성장을 등한시해 버린다면 속물로 전락할 것이며, 진정한 풍요의 삶과는 멀어지게 된다.

모든 것이
소중한 부분

제자들이 둘러앉아 차를 마시며 풍요 사상에 대해 이야기를 하고 있었다. 이야기가 마무리될 즈음에 누군가 말했다.

"우리의 삶이 늘 좋은 것으로만 가득했으면 좋겠습니다. 그렇다면 정말 풍요로운 삶이 될 텐데 말입니다."

이때 스승이 고개를 가로저으며 말했다.

"그렇지 않다."

제자들이 의아한 표정으로 바라보는 가운데 스승이 말을 이어 나갔다.

"풍요 철학은 세상의 어떤 것이든 풍요를 이루는 소중한 부분임을 올바로 이해하는 것이다. 심지어 우리가 싫어하는 것조차도."

이에 한 제자가 앞으로 나와 물었다.

"어찌하여 그런지 이해가 되지 않습니다. 인간은 누구나 어둠보다는 빛을, 고통보다는 즐거움을, 불안보다는 안정을, 두려움보다는 편안함을, 죽음보다는 삶을 원하지 않겠습니까?"

"그렇긴 하다. 하지만 세상 모든 것은 다 필요하기 때문에 존재한다. 어둠이 있기에 편하게 잠을 잘 수 있고, 고통이 있기에 신체를 잘 보존할 수 있으며, 불안이 있기에 곤란에 잘 대비하게 되고, 두려움이 있기에 위험으로부터 안전을 지킬 수 있고, 죽음이 있기에 삶이 지루하지 않고 더 소중하게 여겨지지 않느냐."

제자들이 공감하는 표정을 짓자 스승이 말했다.

"아무리 나쁜 일이 닥쳐도 나에게 도움을 주는 소중한 것으로 여기면 크게 휘둘리지 않고 오히려 그것으로부터 지혜를 얻게 될 것이다."

성경에 '합력하여 선을 이룬다'는 구절이 있다. 빛이 있으면 그림자가 있게 마련이듯 좋은 일과 나쁜 일은 함께 혹은 번갈아 가며 닥치지만 믿음을 잃지 않고 계속 나아가면 결국은 염원한 대로 이루어진다. 단 것은 삼키고 쓴 것은 뱉고 싶은 게 인간의 마음이지만 쓴 것 중에 약도 있음을 잊지 말아야 한다. 입에 맞는 것만 골라먹는 편식이 건강에 좋지 않듯이 우리의 삶도 마찬가지다.

참된 베풂

스승이 가장 많이 베풀며 살아온 제자를 수제자로 삼겠다고 하자 많은 제자가 앞다퉈 자기 자랑을 했다. 이에 스승이 주위를 조용히 하고 여러 제자에게 물었다.

"베푸는 마음은 어디에서 나오느냐?"

한 제자가 나서서 답했다.

"나보다 못한 사람을 동정하는 마음에서 나옵니다."

"우월감에서 하는 것은 참된 베풂이 아니다."

이번엔 다른 제자가 답했다.

"베푸는 것은 선한 행위로서 칭찬받을 만한 일이기 때문입니다."

"칭찬받고자 하는 것은 참된 베풂이 아니다."

그러자 뒤에 서 있던 한 제자가 큰 목소리로 답했다.

"다른 사람을 도와주고자 하는 것은 인간의 본능이기 때문입니다."

"어찌 인간의 본능이 그렇더냐? 모두들 제 살길을 찾기에 바쁘지."

스승이 말을 이어 나갔다.

"참된 베풂은 다른 사람을 나와 똑같이 생각하는 마음에서 나오는 것이다. 따라서 참된 베풂은 조건이나 기대가 없는 베풂이어야 한다. 살찌면 잡아먹으려고 키우는 돼지에게 먹이를 주는 것을 어찌 베푸는

것이라 할 수 있겠느냐? 참된 베풂은 자신이 베푼 사실조차 기억 못
하는 것이다."

불교에 '보시(布施)'란 말이 있다. 이는 조건 없는 베풂을 말한다. 보시는
크게 세 가지로 나뉘는데, 재물로써 베푸는 재시(財施), 지혜를 일깨워
주는 법시(法施), 두려움에서 구해 주는 무외시(無畏施)다. 그 외에
'무재칠시(無財七施)'란 말이 있다.

어떤 이가 부처님께 자신은 너무나 불행한데 그 원인을 모르겠다며 하소연을
하자 부처님께서는 베풀지 않았기 때문이라고 답했다. 그러자 그는 베풀고
싶지만 가진 게 하나도 없어 그럴 수 없음을 고백했다. 이에 부처님은 재물이
없어도 남에게 베풀 수 있는 일곱 가지를 말씀해 주셨는데 그것이 바로
무재칠시(無財七施)로, 밝은 얼굴로 대하기(和顏施), 격려 칭찬 위로 등 힘이
되는 말을 해 주기(言施), 따뜻한 마음으로 대하기(心施), 정겨운 눈빛으로
대하기(眼施), 몸을 써서 남을 도와주기(身施), 자기 자리를 내주기(座施),
잠자리를 마련해 주기(房舍施) 등이다.

베풀 처지나 형편이 안 된다는 변명은 하지 마라. 베풀지 못하는 삶은 사막처럼
죽은 삶이다. 힌두 격언에 이런 말이 있다. '당신은 타인으로부터 얻는
것으로써 당신의 생계를 유지하지만 당신이 타인에게 주는 것은 당신 자신에게
생명을 준다.'

일문일답을 통해 알아보는 부가철학

어느 날 강연이 끝나고 질의응답 시간이 되었다. 여러 사람이 손을 들어 스승에게 질문을 하고 스승은 이에 답했다.

문 부자가 되려면 어떤 사람이 되어야 합니까?

답 자기 자신이 되어야 합니다. 자기 자신이 되어야 지혜로울 수 있고 행복할 수 있습니다. 우리가 무엇을 하든지 가장 자기다울 때 가장 멋있고 자연스럽고 최고가 됩니다.

문 부자가 되려면 비관론자보다 낙관론자가 되어야 하는 게 분명하죠?

답 그렇습니다. 비관론자는 모든 기회에서 어려움을 찾아냅니다. 낙관론자는 모든 어려움에서 기회를 찾아냅니다. 비관론자는 시작해 보기도 전에 고개를 가로저으며 포기하고 맙니다. 낙관론자는 용기를 가지고 가능성에 도전합니다. 비관론자는 '안 될 거야' 하며 씨앗을 심는 것조차 하지 않습니다. 낙관론자는 '잘될 거야' 하며 일단 씨앗을 심습니다. 나중에 누가 열매를 수확하겠습니까? 유의해야 할 것은 무조건적인 낙관론자가 되어선 안 된다는 것입니다. 예를 들면 자신에게 좋은 패가 올 것이라는 막연한 낙관으로 전 재산을 탕진하고 마는 어리석은 도박 중독자가 무조건적인 낙관론자입니다. '잘되겠지' 하며 다음 패만 기다리며 손 놓고 있는 것이 아니라, 잘될 거란 믿음을 가지고 잘되도록 자기 손으로 만들어 나가는 사람이 진정한 낙관론자입니다.

문 어렵게 모은 돈을 한꺼번에 잃어버리는 사람들이 있습니다. 지혜의 말씀을 주십시오.

답 돈을 잃지 않으려면 마음의 평정을 잃지 않아야 합니다. 욕심과 두려움은 마음의 평정을 잃게 합니다.

문 쌀 때 사서 비싸게 파는 것보다 더 나은 방법은 없겠지요?

답 맞는 말입니다. 하지만 적절한 시기를 파악하기란 여간 어려운 게 아니지요. 거기에 골몰하다 보면 자기 이익만 추구하는 값싼 인생이 될 수도 있습니다. 더 좋은 것은 가치 없는 것을 사서 가치 있게 만들어 파는 것입니다. 새로운 가치를 만드는 것도 좋은 일입니다. 그것은 부자가 되는 것은 물론 세상에 기여하는, 보람 있는 일이지요.

문 부를 일굴 좋은 방법을 하나 알려 주십시오. 또한 부자가 되는 데 가장 어려운 점은 무엇인지도 말씀해 주십시오.

답 좋은 방법은 남들과 반대로 하는 것입니다. 그리고 가장 어려운 것은 남들과 반대로 하는 것입니다.

문 사람은 함께 살아야 하므로 부자가 되기 위해서는
인간관계가 중요합니다. 부자가 되는 인간관계의 기술은
어떤 것일까요?

답 물건을 만드는 데는 술(術)이 중요합니다. 하지만 인간관계는 술(術)
에 지나치게 기대면 안 됩니다. 술수는 곧 드러나게 마련이며 사람
들은 인간관계에서조차 술수를 부리는 이를 결코 좋아하지 않습니
다. 대부분의 사람이 꾸밈없는 진솔한 이를 좋아하지 않습니까? 인
간관계에서 술수를 부리면 술수를 부리는 본인 역시 마음이 떳떳하
지 않고 행복할 수 없습니다.

문 알아야 할 게 너무 많고 무엇을 선택해야 할지, 어떻게
이루어 나갈지 막막합니다.

답 다 알 수도 없고 다 알 필요도 없습니다. 어느 길이든 가 보지 않
으면 모르는 게 당연합니다. 어떤 길로 가든지 좋은 일도 있고 나
쁜 일도 있습니다. 마음 가는 대로 선택하고 나아가세요. 결과가
어떨지 미리 걱정하지 마세요. 선택과 노력은 인간의 몫이나 이루
어 주는 것은 신의 뜻이니까요.

문 스승님의 강연을 듣고 저도 크게 생각하고 크게 벌여
큰 부자가 되려고 합니다. 그런데 저는 사업 경험이
일천합니다. 조언과 가르침을 주십시오.

답 성공하려면 물론 크게 생각해야 합니다. 하지만 경험해 보지도 않
은 일을 시작부터 너무 크게 벌이면 모든 것을 잃을지도 모릅니
다. 크게 생각하되 작게 시작하십시오.

문 제 삶을 돌이켜 보면 노예 같은 인생이었습니다. 지금 저의 나이 오십인데 여전히 가난하고 불행합니다. 세상이 원망스럽기만 합니다.

답 현재의 삶은 자신이 과거에 한 모든 생각과 행동의 결과입니다. 어떤 일이든 가장 큰 책임은 자기 자신에게 있다고 생각해야 합니다. '모든 것은 나의 책임이다.' 이렇게 자신의 삶에 책임을 지고자 하는 순간 바로 자기 삶의 주인이 되는 겁니다.

문 어떤 일을 벌일까 고민 중입니다. 특별히 배우거나 준비하지 않아도 바로 시작할 수 있는 사업을 하고 싶은데 조언을 주십시오.

답 누구나 할 수 있는 일을 선택하는 것은 당장에는 쉬워 보이지만 가장 어려운 길을 택하는 것입니다. 경쟁은 치열할 것이고 손에 들어오는 것은 미약할 겁니다. 누구나 할 수 없는 일, 남다른 일을 해야 합니다. 그러면 경쟁이 훨씬 덜할 것입니다.

문 모든 사업이 사람을 상대하는 것이라고 할 수 있지 않습니까? 그래서 저는 사업을 하면서 사람들의 생각을 잘 읽어 내려고 노력하고 있습니다. 그런데 그게 정말 뜻대로 잘되지 않습니다.

답 좋은 생각이나 사람들의 생각을 읽어 내기란 여간 어려운 게 아니죠. 그리고 사람들은 의외로 합리적이지 않습니다. 본능에 더 이끌립니다. 누구나 생각은 달라도 본능은 비슷합니다. 사람들의 본능을 잘 꿰뚫어보는 자가 큰 부자가 될 것입니다.

문 행복한 큰 부자가 되고 싶습니다. 좋은 길을 하나 알려
주십시오.

답 그것은 봉사입니다. 더 많은 사람에게 더 큰 도움이 되기 위해 늘
노력하는 사람은 행복한 큰 부자가 될 것입니다.

문 저는 남들 보기에는 그럭저럭 평범하게 살아가고
있습니다. 하지만 제 삶은 너무나 꼬여 있습니다.
걱정거리가 없는 때가 한시도 없고 짜증 나는 일만
연속해서 생깁니다. 매일 불안하고 가끔은 알 수 없이
화가 치솟아 오릅니다. 정말 세상을 떠나고 싶은 절망적인
심정입니다. 이런 상황에서 탈출할 방안을 알려 주십시오.

답 딱 열흘 동안만 걱정과 불평을 하지 말아 보십시오. 멋진 체험을
할 수 있을 겁니다.

문 저는 인생의 실패자입니다. 잘나가던 사업을 한순간에
말아먹고 알거지가 되었습니다.

답 스스로 실패자라는 이름을 붙이지 마십시오. 이름을 붙이면 아닌
것도 그런 것처럼 규정됩니다. 자신이 실패라고 인정하지 않는 한
인생에서 실패란 없습니다. 모든 것은 배움의 과정입니다. 실패마
저도 즐길 줄 아는 여유를 가지면 좋겠습니다.

문 저는 두려움이 많은 편입니다. 용기를 주는 말씀을
부탁드립니다.

답 무엇인가를 두려워하면 두려운 무언가가 삶에 나타납니다. 두려
움에 빠지지 않도록 해야 합니다. 두려움만 생각하면 두려움에 빠

지고 맙니다. 나중엔 두려움에 빠질까 봐 무언가 하기도 전에 두려워지기도 합니다. 두려움은 두려움이 현실로 나타나기 이전에 이미 사람의 몸과 마음을 얼어붙게 만듭니다. 우리가 알아야 할 중요한 것은 상상 속의 두려움보다 더 큰 두려움은 없다는 것입니다. 무엇이든 실제 알고 보면 생각했던 것만큼 대단하지 않음을 알 수 있습니다. 두려움을 없애는 가장 좋은 방법은 용기를 갖고 과감히 맞서는 것입니다.

문 저는 일이 생길 때마다 어찌해야 할지 혼란스럽고 마음이 흔들립니다. 마음을 굳건히 할 수 있는 좋은 지혜를 알려 주십시오.

답 원칙을 만드십시오. 그리고 지키십시오. 원칙을 지켜 나가다가 원칙에 부분적인 문제점이 있으면 수정하십시오. 그리고 다시 지키십시오.

문 창업을 위해 열심히 준비를 해 왔습니다. 시작할 적당한 시기를 가늠하고 있는데 언제가 완벽하게 좋은 상황인지 어떻게 알아볼 수 있을까요?

답 완벽하게 좋은 상황은 오지 않습니다. 어느 정도 되었다 싶으면 시도해야 합니다.

문 운이 좋은 사람과 실력이 좋은 사람 중 누가 더 크게 성공할까요?

답 일단은 운이 좋은 사람입니다. 하지만 운은 영속될 수 없습니다. 실력 없이 운만 좋은 사람은 파산했을 때 재기하기 어렵습니다.

운이 다하면 그걸로 끝입니다. 운과 실력을 겸비한 사람은 어떤 상황에서도 거뜬히 재기해 냅니다. 그리고 새로운 운마저 불러들입니다.

문 크게 이루고 싶은데 시작하기도 전에 마음이 너무나 부담스럽고 머리는 복잡하기만 합니다.

답 가야 할 길 전부를 한꺼번에 보면서 걸을 수 없습니다. 오직 저만치 앞만 보고 걸을 뿐입니다. 가다 보니 정상에 오르고 하다 보니 큰 영광을 얻는 법입니다. 단, 제대로 가고 있는지 방향은 살피며 나아가야 합니다.

문 사업을 해 나가다 보면 속상한 일이 너무나 많습니다. 머리가 아파 쓰러질 것 같습니다. 좋은 말씀 바랍니다.

답 바다를 떠올려 보세요. 심해(深海)는 언제나 고요하고 평화롭지만 해수면(海水面)은 늘 요동칩니다. 심해에 마음을 두면 언제나 평정심을 가질 수 있습니다. 하지만 해수면에 마음을 두면 언제나 물결을 따라 마음이 동요합니다. 언제나 출렁이게 마련인 현상에 마음을 두고 일희일비(一喜一悲)하지 마십시오. 언제나 자신의 깊은 내면에 마음을 두고 있으면 어떤 것에도 좀처럼 휘둘리지 않고 평화로운 마음을 유지할 수 있을 것입니다.

문 일을 하다 보면 사람들 때문에 실망스럽고 짜증스러운 경우가 너무 많습니다.

답 다른 사람들을 자기 뜻대로 조종하려는 마음을 버려야 합니다. 어느 누구도 쉽게 조종할 수 없습니다. 심지어 은혜를 베풀어 준 사람마저도 조종할 수 없습니다. 조종해서도 안 됩니다. 사람은 제각기 다릅니다. 내 마음같이 움직이길 바라는 것 자체가 지나친 욕심입니다. 오직 자신이 할 도리를 충실히 하는 것이 최선의 길입니다. 다른 사람이 자신의 뜻과 다르게 반응하거나 행동할 때 실망하거나 화낼 필요는 없습니다. 원래 그런 것입니다. 그런 경우에는 '그 사람은 그렇구나' 하며 부정적인 생각을 끝내야 합니다.

문 빈곤 문제에는 사회적인 원인과 개인적인 원인 중 어느 것이 더 큰 영향을 미칠까요?

답 개인과 사회는 서로 분리되어 있는 것이 아닙니다. 개인이 모여 사회를 이루고, 그 사회가 다시 개인에게 영향을 끼치는 것이죠. 각자의 의식이 모두 합쳐진 것이 사회입니다. 사회적 의식 수준은 개인적 의식 수준의 반영입니다. 우리가 불평하는 사회적 문제는 나 자신의 의식에도 존재합니다. 일단 모든 변화는 자신부터 시작해야 합니다. 그리고 나아가 자신이 몸담고 있는 사회의 올바른 변화에 관심과 노력을 쏟아야 합니다. 무조건 어둠을 몰아내려고 노력하기보다는 각자 스스로 빛이 되도록 노력해야 합니다. 그리고 함께 빛나며 아직도 어두운 곳을 비출 수 있어야 합니다.

36가지 문답으로
풀어 보는 부가사상

어떤 고명한 학자가 스승에게 가르침을 받고자 찾아왔다. 대화는 밤새도록 이어졌다. 아래는 학자의 질문과 스승의 답변을 요약해 수록한 것이다.

1 참된 부자란 어떤 사람입니까?

저는 돈 많은 사람을 부자라고 칭하지 않습니다. 돈이 많은 사람은 돈이 많은 사람일 뿐입니다. 부자는 마음이 풍요로운 사람입니다. 그렇다고 해서 먹고 살기조차 어려운 여건에서 마음만 편하게 가지라는 것은 아닙니다. 물질적 상태는 마음에 크게 영향을 미치므로 실제적으로도 물질적인 풍요를 추구해야 합니다.

2 어떻게 하면 물질적으로 풍요로울 수 있을까요?

열심히 땀 흘리는 사람이 부자가 될까요? 아닙니다. 열심히 일하는데 늘 적자에 허덕이는 사람도 많이 있습니다. 무조건 열심히 일하는 이는 가난에서 벗어나기 힘듭니다. 그럼 어떻게 해야 할까요? 지혜롭게 열심히 일하는 사람이 되어야 합니다.

3 지혜는 어디에서 오는 것일까요?

먼저 욕심을 버려야 합니다. 탐욕은 눈과 귀를 멀게 하고 정신을 흐려 놓습니다. 항상 풍요로운 마음을 가져야 합니다. 풍요로운 마음은 집착하지 않게 하고, 여유를 갖게 하고, 통찰력을 발휘하게 합니다.

4 물질이 풍요롭지 않은데 어찌 풍요로운 마음을 가질 수 있습니까?

우리는 이미 풍요롭다는 것을 알아야 합니다. 우리는 더 가질 것이 하나도 없을 만큼 풍요롭습니다.

5 아직 가지지 못한 것이 셀 수 없이 많은데 무슨 말씀이십니까?

그것은 관념에 불과합니다. 우리가 가질 수 있는 것이 무엇이 있습니까? 결국은 몸뚱이 하나마저도 끝까지 가질 수 없지 않습니까? 이 우주에 소유할 수 있는 것은 아무것도 없다는 것을 알아야 합니다. 이를 깨달았을 때 나는 우주의 것이며 온 우주가 나의 것이 됩니다. 이 경지가 바로 가장 풍요로운 상태입니다.

6 그렇지만 우리는 현실 속에서 물질적 풍요를 추구해야 하지 않습니까?

그렇습니다. 물질적인 풍요를 추구하는 것은 나쁜 것이 아닙니다. 풍요로운 삶의 중요한 부분입니다.

7 그런데 세상은 경쟁이 치열하고 물질적인 풍요를 얻기가 실로 어렵지 않습니까?

어렵다고 생각하든지 쉽다고 생각하든지 당신 생각 그대로입니다. 왜냐하면 생각이 모든 것을 만들어 내기 때문입니다. 하지만 꼭 알아야 할 것은 풍요는 자연과 우주의 섭리라는 것입니다. 조그만 씨앗 하나를 심었는데 그 씨앗이 자라 아름드리 큰 나무가 되고, 그 나무에서 나온 수많은 씨앗이 또 다시 수많은 나무를 만들어 내고, 이것이 반복되면서 거대한 숲이 되고 밀림이 됩니다. 이렇듯 자연은 증가를 추구하며 언제나 풍성하고 넉넉합니다. 이 우주도 티끌보다 조그만 점에서 시작해서 무한히 확장되어 가고 있습니다.

8 그런 자연과 우주가 우리와 어떤 상관이 있을까요?

우리도 우주와 자연의 일부입니다. 그러므로 풍요로운 마음은 우리의 본질입니다.

9 그렇다면 세상은 풍요로워야 할 것 아닙니까?

그렇습니다. 세상은 결핍의 원리가 아니라 풍요의 원리로 운행되고 있습니다. 다시 말하면 세상은 무한히 풍요롭습니다.

10 그렇다면 무한히 풍요로운 세상에 살고 있는 우리 인간들은 왜 서로 빼앗고 빼앗기는 다툼을 반복하고, 가난은 계속되는 것일까요?

자연이 풍요롭다는 것을 받아들이지 못하고 우리가 사용할 자원이 한정적이며 늘 부족하다고 생각하는 결핍의 사고에서 비롯되는 것입니다. 풍요가 아닌 결핍의 사고가 욕심을 낳고 경쟁을 부추기고 자원의 불균형을 초래하고 다툼과 전쟁이 이어지게 합니다.

11   어찌되었든 인간 세상은 경쟁 사회 아닙니까?

예를 들어 설명하겠습니다. 여러 명의 아이가 넓게 펼쳐진 바닷가 모래밭에서 모래성을 쌓고 조개껍데기를 주우며 재미있게 놀고 있었습니다. 처음엔 사이좋게 놀다가 "이 모래성 내 거야", "이 조개껍데기는 내가 먼저 발견한 거야" 하며 다투기 시작합니다. 이때 선생님이 가까이 다가서며 타이릅니다. "얘들아, 이 바닷가에는 너희들이 아무리 많이 주워 담아도 남을 만큼 조개껍데기가 무수히 많아. 그리고 이 모래밭은 너희들이 수없이 많은 모래성을 지어도 충분히 남을 만큼 무지무지 넓어." 하지만 애들은 막무가내입니다. 자연의 넘치는 풍요가 눈에 들어오지 않기 때문입니다. 저 역시 한두 개의 장난감을 놓고 여러 명이 다투다가 장난감을 아쉽게 놓쳤던 기억이 아직도 생생합니다. 당장 옆의 친구를 물리쳐야 마음이 놓였습니다.

우리가 사는 이 세상을 결핍과 부족의 세상으로 받아들이는 사람은 언제나 조급하고 투쟁적이 되며 경쟁에 내몰리게 마련입니다. 그리고 긴장하며 각박하게 살아갑니다.

12   그렇다면 경쟁하지 않고 어떻게 살 수 있을까요?

우리가 사는 세상이 정말 풍요롭고 원하는 것은 뭐든지 이뤄낼 수 있는 곳이라고 생각하는 사람은 경쟁보다는 창조를 택합니다. 그리고 평화롭고 풍요롭게 살아갑니다.

13   창조는 신의 영역 아닌가요?

신은 인간을 자신과 가장 닮게 창조했습니다. 인간이 신과 가장 닮은 부분이 바로 창조입니다. 창조는 인간의 근원적 성품이며 인간의 삶의 목적은 각자 자신의 삶을 창조해 나가는 것입니다. 심지어 인간뿐 아니라 모든 생명체가 창조력이 있습니다.

14 창조와 진화는 어떻게 설명할 수 있을까요?
신이 생명을 만든 것이 창조라면, 그 각각의 생명이 스스로를 창조해 나가는 과정이 진화라 할 수 있습니다.

15 우리는 어떤 것을 창조해 낼 수 있을까요?
지금 이 순간도 창조해 나가는 과정입니다. 하지만 창조해 내는 모든 것이 다 가치 있는 것은 아닙니다. 가치 있는 것을 창조해 나가야 합니다.

16 어떤 것이 가치가 있는 창조인가요?
자기 자신에게 기쁨을 주는 것이며 나아가 다른 사람에게 도움을 주며 세상에 기여할 수 있는 것입니다.

17 그런 창조를 과연 해낼 수 있을까요?
물론 해낼 수 있습니다. 그것이 신의 뜻이며 우주의 섭리입니다.

18 하지만 많은 사람이 그런 삶을 살지 못하고 있지 않습니까? 왜 그럴까요?
자신을 잘 모르기 때문입니다. 우리가 가장 먼저 해야 할 일은 자기 자신을 아는 것입니다. 내가 어떤 사람인지, 무엇을 원하는지, 내가 어떤 삶을 바라는지 제대로 알아야 합니다. 원하고 바라는 것을 얻지 못하는 가장 큰 이유는 내가 무얼 원하고 어떤 것을 바라는지 모르기 때문입니다. 모든 답은 자신의 내면에 있습니다. 그런데도 많은 사람이 자신의 내면을 들여다볼 생각은 하지 않고 바깥에서 답을 구하며 방황하거나 자신의 소망과는 거리가 먼 엉뚱한 삶을 살아갑니다.

19 다른 이유로는 무엇이 있습니까?

자신의 내면을 무시하고 다른 사람들의 시선을 의식하며 타인의 평가와 비판에 휘둘리는 삶을 사는 것입니다. 그런 삶은 참다운 삶이 아니라 보여 주기 위한 껍데기 삶에 불과합니다. 창조는 내면에서 자연스럽게 샘솟는 것이지 억지로 꾸며 내는 것이 아닙니다.

20 만일 우리가 마음 내키는 대로 창조할 수 있다면 다른 사람에게 피해 주는 창조를 할 수도 있지 않을까요?

그렇지 않습니다. 창조의 본질을 깊이 파고 들어가면 결국 사랑에 닿습니다. 창조의 본질이 사랑일진대 어찌 타인에게 피해를 주는 것을 만들어 내겠습니까. 창조의 기쁨은 곧 사랑의 기쁨입니다.

21 창조의 과정이 너무나 힘들고 고단하지 않을까요?

창조의 과정을 인위적으로 해 나가면 많은 어려움이 따르고 결과도 좋지 않습니다. 참된 창조는 무위(無爲)입니다.

22 무위(無爲)라면 아무것도 하지 않는다는 말이지 않습니까?

그렇지 않습니다. 집착과 욕심, 번민과 두려움으로 가득한 인간의 힘으로는 과정이 어려울 뿐더러 탁월한 결과도 기대하기 어렵습니다. 인위(人爲)가 아닌 무위(無爲)가 최고의 방법입니다. 무위(無爲)란 자신의 내면에 맡기는 것입니다. 자신의 내면은 신의 성전입니다. 무위(無爲)는 곧 신의 힘으로 일을 해 나가는 것입니다.

23 그렇다면 인간적인 지식이나 노력은 아무 쓸모가 없다는 말씀입니까?

그렇지 않습니다. 지식은 반드시 필요합니다. 하지만 지식은 지식 자체로는 큰 힘을 발휘하지 못합니다. 지식이 지혜가 되었을 때 큰 힘을 발휘하는 것입니다. 지식은 지혜의 전 단계입니다. 지식이 자신의 내면을 통과해 숙성되었을 때 지혜가 됩니다. 다시 말하면 지식에 신의 은총이 더해졌을 때 지혜로 거듭나는 것입니다.

또한 노력도 반드시 필요합니다. 우리 인간이 할 수 있는 가장 큰 노력은 씨앗을 뿌리는 것입니다. 뿌리는 것은 인위(人爲)의 몫입니다. 언제 무엇을 얼마나 뿌릴지는 우리 자신에게 달려 있습니다. 하지만 씨앗이 발아하고 자라나 꽃을 피우고 열매를 맺게 하는 것은 무위(無爲)의 힘, 즉 신의 뜻입니다. 따라서 조급하거나 불안한 마음을 버리고 진인사대천명(盡人事待天命)의 태도를 지녀야 합니다.

24 씨앗은 어떻게 얻습니까?

가장 중요한 것은 이미 우리에게 있습니다. 바로 생각입니다. 우리의 생각은 우리의 현실을 만드는 가장 소중한 씨앗입니다.

25 하지만 생각대로 되지 않는 것이 현실이지 않습니까?

수박이 열리기를 기대하는데 자꾸만 호박이 열린다고 땅을 탓할 게 아닙니다. 호박씨를 심었으니 그런 것입니다. 수박을 원하면 수박씨를 심어야 합니다. 땅은 잘 자랄 수 있는 토대만 제공해 줄 뿐입니다. 열매를 결정하는 것은 언제나 씨앗입니다. 우리 삶도 마찬가지입니다. 우리의 환경이 토양이라면, 씨앗은 우리의 생각입니다. 우리가 품고 있는 생각이 우리의 삶에 열매로 나타납니다. 동일한 환경에서도 우리의 생각이 부정적인 씨앗을 품고 있다면 현실 속에서 부정적인 열매를 맺을 것이고, 긍정적인 씨앗을 품고 있다면 긍정적인 열매를 맺을 것입니다.

26 부자가 되거나 되지 못하는 것도 생각의 문제인가요?

그렇습니다. 부자가 되려면 풍요의 생각을 해야 하고, 행복한 사람이 되려면 행복한 생각을 해야 하고, 위대한 사람이 되려면 위대한 생각을 해야 합니다.

27 그렇게 생각만 하고 있으면 될까요?

물론 그렇지 않습니다. 실제로 씨앗을 뿌려야 합니다. 뿌리지 않고 거둘 수는 없으니까요.

28 씨앗을 뿌리는 것과 부자가 되는 것은 어떤 상관관계가 있습니까?

자연은 우리가 씨앗 하나를 심었을 때 씨앗 하나만을 거두게 하지 않습니다. 받은 만큼만 베풀어 주는 냉정한 거래 관계가 아닙니다. 수백 배로 풍성히 불려서 되돌려 주는 은혜로운 풍요의 원리가 작용합니다. 그래서 우리 인생은 뿌리지 않는 것보다 뿌리는 것이 훨씬 유리합니다.

29 다시 말하면 시도하고 도전하는 것이 유리하다는 말인가요?

그렇습니다. 성공을 이룬 사람들의 공통점을 찾아보십시오. 체력이 약한 사람도 있고 강한 사람도 있습니다. 머리가 좋은 사람도 있고 나쁜 사람도 있습니다. 학벌이 좋은 사람도 있고 그렇지 않은 사람도 있습니다. 성격이 화통한 사람도 있고 섬세한 사람도 있습니다. 같은 지역에서도 부자가 있고 가난한 이도 있습니다. 공통점을 찾기 어렵습니다. 하지만 분명한 것은 이들 모두 무언가를 시도했고 일을 벌였다는 것입니다.

30 어떤 일이든지 벌이는 것이 좋다는 뜻인가요?

아무것도 하지 않고 빈둥거리는 것보다는 낫지요. 뭐라도 배우는 것이 있을 테니까요. 하지만 본인이 좋아하고 잘할 수 있는 일이면서 세상과 사람들에게 크게 도움이 되는 일을 벌이는 것이 최선이라고 할 수 있겠지요.

31 돈 벌리는 일이 가장 우선이지 않은가요?

돈이 가장 우선시되면 삶은 풍요와 멀어지며 크게 성장하지도, 오래가지도 못합니다. 또한 돈은 물고기와 같아서 쫓아간다고 해도 잡기 어렵습니다.

32 그래도 부자가 되려면 시대에 따라 돈이 잘 벌릴 만한 일을 해야 할 것 아닌가요?

물론 시대의 흐름을 잘 파악하는 것이 필요합니다. 시대에 맞지 않는다는 것은 사람들이 필요로 하거나 원하지 않는다는 것입니다. 성공적인 사업이 되려면 사람들이 지불한 것 이상으로 도움을 주거나 만족을 주는 것이 가장 중요합니다. 그렇게 하려면 자신이 좋아하고 잘하는 일이어야만 합니다. 먼저 자신이 자신의 일에 만족스럽고 행복해야 타인에게도 계속 그렇게 해 줄 수 있습니다.

33 그렇다면 큰돈을 벌려면 어떻게 해야 하나요?

크게 생각하고 자신의 재능을 크게 써야 합니다. 그리고 자신의 이름을 걸고 보다 많은 사람에게 도움을 주어야 합니다.

34 풍요로운 삶을 살기 위해 유의해야 할 점으로 무엇이 있을까요?

언제나 풍요로운 마음을 가져야 합니다. 물질적으로 풍요롭지 못한 상황에서조차 풍요로운 마음을 가질 수 있어야 합니다. 그래야만 초연한 마음을 잃지 않고 지혜롭게 물질적인 궁핍함에서 벗어날 수 있습니다. 또한 물질적인 상태가 비교적 풍요로운데도 마음이 궁핍한 삶이 되지 않도록 유념해야 합니다. 마음이 궁핍하면 물질이 아무리 많아도 궁핍한 삶에 불과합니다.

35 풍요로운 마음을 확인할 수 있는 방법은 무엇입니까?

감사하는 마음입니다. 풍요로운 마음과 감사하는 마음은 같은 마음입니다.

36 풍요로운 삶을 위해 마지막 조언을 한마디 부탁드립니다.

사람들을 사랑하며, 세상에 기여하고, 타인을 위해 봉사하며 베풉시다.

풍요를 기원하며

　어느 외국 신문에 이런 기사가 실렸다. 가게에서 아기 기저귀를 훔친 아빠가 경찰에 잡혔다. 기저귀를 훔쳐 나오는 데는 성공했으나 가게에 다시 들어가다가 검거된 것이다. 그는 왜 가게에 다시 들어가고자 했을까? 기저귀를 훔치는 데 정신이 팔려 가게에 아기를 두고 나온 것이다. 가난과 물욕은 사람을 이렇게 정신없게 만든다.

　'의학이 눈부시게 발전해 나가고 있다. 머지않아 가난한 사람 빼고는 누구든지 다 고칠 수 있는 세상이 올 것이다'라는 누군가의 풍자적인 글귀에 마음이 씁쓸하다. 누구나 부유하고 풍요롭게 살아가는 세상, 다툼이나 전쟁이 사라지고 평화 속에서 인류 모두가 각자 스스로 하고 싶은 일을 하며 삶을 즐기는 세상, 서로 돕고 서로 위하는 사랑이 가득한 세상은 비현실적인 꿈에 불과할까?

　지구인 모두가 사랑으로, 풍요로운 마음과 지혜로 각자, 그리고 함께 노력해 간다면 우리가 꿈꾸는 세상이 현실이 되지 않을까?

　그러기 위한 첫 출발점은 바로 '나 자신'이리라.

　세상 사람 모두가 더불어, 함께 풍요롭고 행복하게 잘사는 세상이 되기를 기원한다.

임중기